Ernst Meybrinck

Die Auffassung der Antike bei Jacques Milet,

Guido de Columna und Benoit de Ste-More

Ernst Meybrinck

Die Auffassung der Antike bei Jacques Milet,
Guido de Columna und Benoit de Ste-More

ISBN/EAN: 9783743660939

Hergestellt in Europa, USA, Kanada, Australien, Japan

Cover: Foto ©ninafisch / pixelio.de

Weitere Bücher finden Sie auf **www.hansebooks.com**

Die Auffassung der Antike bei Jacques Milet, Guido de Columna und Benoit de Ste-More,

mit besonderer Berücksichtigung der Kampfscenen und religiösen Gebräuche.

Inaugural-Dissertation

zur

Erlangung der Doctorwürde

der

Hohen Philosophischen Facultät

der

Universität Marburg

eingereicht von

Ernst Meybrinck
aus Erfurt.

(Ausg. u. Abh. aus d. Geb. d. rom. Philol. Heft LIV.)

Marburg.
Druck von Joh. Aug. Koch.
1886.

Alphabetisches Verzeichniss der benutzten Werke.

Rob. Barth: Guido de Columna. Diss. Lpzg. 1877.
H. Bernhardy: Grundriss der griechischen Litteratur. 3 Bde. Halle 1852, 1856 u. 1859.
H. L. Cholevius: Geschichte der deutschen Poesie nach ihren antiken Elementen. 1856. 2 Bde.
H. Dunger: Die Sage vom trojanischen Kriege in den Bearbeitungen des Mittelalters und ihren antiken Quellen. Lpzg. 1869.
A Ebert: Entwicklungsgeschichte der französischen Tragödie, vornehmlich im 16. Jahrhundert. Gotha 1856.
E. Egger: L'Hellénisme en France. Leçons sur l'influence des études grecques dans le développement de la langue et de la littérature française. Paris 1869. 2 Bde.
W. Greif: Die mittelalterlichen Bearbeitungen der Trojanersage, ein neuer Beitrag zur Dares- und Dictysfrage. Diss. Marburg 1885.
J. Grimm: Ueber das Verbrennen der Leichen Academ. Abhandlung. Kleinere Schriften II, p. 212 ff.
R. Jäckel: Dares Phrygius und Benoit de Sainte-More, ein Beitrag zur Dares-Frage. Diss. Breslau 1875.
A. Joly: Benoit de Sainte-More et le Roman de Troie ou les métamorphoses d'Homère et de l'épopée gréco-latine au moyen-âge. Paris 1870. 2 Bde.
L. Petit de Juleville: Histoire du Théâtre en France. I. Partie: Les Mistères. Paris 1880. 2 Bde.
G. Körting: Dictys und Dares. Ein Beitrag zur Geschichte der Troja-Sage in ihrem Uebergange aus der antiken in die romantische Form. Halle 1874.
Parfaict (Frères Parfaict): Histoire du Théâtre françois, depuis son origine jusqu'à présent. Amsterdam 1735. Bd. II.
A. Schultz: Das höfische Leben zur Zeit der Minnesinger. Leipzig 1880. 2 Bde.
H. Tivier: Etude sur le Mystère du siège d'Orléans et sur J. Milet auteur présumé de ce mystère, Thèse de doctorat. Paris 1868.
H. Tivier: Histoire de la littérature dramatique en France depuis ses origines jusqu'au Cid. Paris 1873.
G. Voigt: Die Wiederbelebung des classischen Alterthums oder das erste Jahrhundert des Humanismus. Berlin 1859.
K. Wunder: Ueber Jacques Milets Destruction de Troye la Grant Diss. Leipzig 1868.

Herrn Prof. Dr. Edmund Stengel

in

dankbarer Verehrung

gewidmet.

§ 1. Von den antiken Sagenkreisen, welche das Mittelalter als kostbare Erbschaft vom Alterthum überkommen hat, ist der vom trojanischen Kriege allezeit einer der beliebtesten gewesen und hat in vielfachen und zum Theil umfangreichen Bearbeitungen weiteste Verbreitung gefunden. Die Motive, welche dem Gefallen an den Heldenthaten eines Hector und Achill zu Grunde lagen, sind leicht zu finden. Besonders war es die von vielen Völkern des Mittelalters, von den Briten, Normannen, Belgiern, Franken, auch Türken beanspruchte Abstammung von den Trojanern, welche das Interesse für deren Kämpfe weckte und wach erhielt. (Vgl. Dunger, p. 5; Grässe: Die grossen Sagenkreise des Mittelalters, p. 116 und Greif, § 1 f.)

Auch die Römer leiteten ihren Ursprung von den Nachkommen des aus Troja geflüchteten Aeneas ab. Schon in der Ilias XX, 307 wird dem Geschlechte des Aeneas eine grosse Zukunft verheissen, und die römischen Dichter, besonders Virgil (Aen. III, 97), haben diese Prophezeiung aufgenommen und erweitert. (Vgl. Joly, I, 113).

Als das grosse römische Weltreich zerstückelt wurde, nahmen die Barbaren die Tradition dieser Abstammung mit in ihre eigenen Sagenkreise auf und betrachteten sie als ihr Eigenthum. So wurde das Interesse für die Sage vom trojanischen Kriege durch einen gewissen Nationalstolz erhalten und durch poetische Bearbeitungen genährt. Das eifrige Studium des Virgil im ganzen Mittelalter trug zur weiteren Ausbildung der Sage wesentlich bei. (Vgl. den Aufsatz von W. Vietor in Gröbers Zeitschr. f. rom. Phil., I, 165 und Greif § 3.)

Aber auch der Stoff, das Material an und für sich, abgesehen von den Beweggründen, welche in dem Nationalbewusstsein wurzelten, war in hohem Grade geeignet, die

Aufmerksamkeit der mittelalterlichen Dichter und Schriftsteller auf sich zu ziehen. Bot doch eine Erzählung von den langjährigen Kämpfen zweier mächtigen Völker, an denen sich fast ganz Griechenland und eine grosse Anzahl asiatischer Stämme betheiligte, und von der Entführung und Zurückeroberung einer Königstochter eine Fülle von Anregungen für einen Autor des Mittelalters, zumal da sich seit den Kreuzzügen die Blicke Aller nach dem Orient richteten und man begierig war von dessen Wundern erzählen zu hören.

§ 2. Es drängt sich nun unwillkürlich die Frage auf: Wie verhält sich Homer, der Vorgänger aller Bearbeiter der Troja-Sage, zu seinen mittelalterlichen Nachfolgern? Darf man ihrerseits eine Benutzung der ältesten und reinsten Quelle annehmen, lässt sich nachweisen, dass sie aus der Ilias des Homer selbst geschöpft haben? Die Verneinung dieser Frage ergiebt sich aus dem Bildungsgrade der mittelalterlichen Autoren und ihrer geringen literarischen Kenntniss bezüglich antiker Schriftsteller. Der Name des Homer wird zwar im Mittelalter häufig erwähnt (so auch in den altfranzösischen Epen, z. B. im Rolandsliede, ed. Theod. Müller v. 261, 6. f.), wo es von Baligant heisst:

Ço est l'amirailz li vieilz d'antiquitet
Tut survesquiet e Virgilie e Homer

aber es verknüpfen sich nur sehr dunkle Reminiscenzen damit. Das öftere Citiren des Homer neben lateinischen Autoren, wie Ovid, Virgil, Lucan u. A. lässt darauf schliessen, dass, falls dem Citirenden Homer wirklich bekannt war, ihm nur eine lateinische, mehr oder minder schlechte Uebersetzung vorgelegen hat. Selbst Virgil und Ovid wurden nicht in dem Masse benutzt, wie man nach ihrer grossen Beliebtheit im Mittelalter erwarten sollte. Besonders die unter dem Namen des Pindarus Thebanus überlieferte Epitome Iliados Homericae, wird gewöhnlich unter dem Namen des Homer angeführt, da sie in etwa 1100 Hexametern die hauptsächlichsten Ereignisse, welche in der Ilias geschildert werden, nach Homer wiedergiebt. (Vgl. Dunger p. 19; Joly 1, 148 ff.)

§ 3. Aber nicht dieses Opus, welches von Lachmann in das erste Jahrhundert nach Christum gesetzt wird, ist die Quelle für die zahlreichen Bearbeitungen der Troja-Sage im Mittelalter gewesen, sondern Dictys und Dares.

(Dictys Cretensis Ephemeridos belli trojani libri VI rec. Ferd. Meister. Lipsiae 1872 und Daretis Phrygii de excidio

Troiae historia rec. Ferd. Meister. Lipsiae 1873; vgl. Dunger p. 7 ff., Joly I, 159 ff., Greif §§ 3 u. 4.) Da diese Beiden den Homer der Lüge zeihen und als angebliche Augenzeugen der Kämpfe vor Troja allein auf historische Wahrheit ihrer Berichte Anspruch machen, so war es natürlich, dass das kritiklose Mittelalter ihnen folgte. Auch wenn man den Homer selbst gekannt hätte, so würde man doch aus Dictys und Dares geschöpft haben, da sie in den Augen ihrer Bearbeiter weit grössere Vorzüge in der Darstellungsweise besassen. Einmal fassten sie in kurzen Zügen eine Fülle von Material zusammen, dann aber boten sie geringere Schwierigkeiten in dessen Aneignung, da sie, besonders Dares, in sehr einfachem Stile schrieben.

Eine Empfehlung für Dares war es auch, dass er auf der Seite der Trojaner steht, denn französische Bearbeiter mussten sich immer für einen Berichterstatter entscheiden, welcher ihren vermeintlichen Vorfahren angehörte. Er giebt selbst an (p. 14, 9; p. 52, 3 ff.), er habe in Troja mitgekämpft bis zur Eroberung der Stadt und „acta diurna" über die Ereignisse geführt. Nach dem Falle Trojas sei er mit Antenor in der Stadt zurückgeblieben. Aus seiner Parteistellung erklärt sich auch, dass die trojanischen Helden eine viel bedeutendere Rolle spielen als die griechischen, nicht Achill ist der Mittelpunkt der wichtigsten Kämpfe, sondern Hector. — Dictys dagegen gehört zur Partei der Griechen. In der Vorrede bemerkt er, dass er als Cretenser in Begleitung des Idomeneus und Meriones nach Troja gekommen sei und dort die Annalen des Krieges aufgezeichnet habe. Dares wird mit grösserer Vorliebe benutzt als Dictys, welcher nur vergleichsweise oder da herangezogen wird, wo Dares nicht mehr ausreicht. Am meisten aber nahmen unsere Chronisten für sich ein durch die Verbannung der Götterwelt des Homer aus ihren Schriften, durch das Abbrechen jeglicher Beziehungen zwischen dem Menschen und den Göttern, soweit sie nicht durch Gebete vermittelt werden. Eine Einmischung der göttlichen Wesen in den Gang der Ereignisse, ein handelndes Eingreifen in das Schicksal des Menschen, wie es Homer so oft schildert, wird man vergebens bei Dictys und Dares suchen. Und diese homerische Eigenthümlichkeit ist es auch, welche verschiedene Autoren streng rügen und verwerfen. Dagegen werden unsere Chronisten als mustergültige Quellen hingestellt.

§ 4. Obwohl diese Beiden die homerische Ueberlieferung sehr entstellen und ihr in manchen Stücken geradezu widersprechen, so sind doch noch manche Uebereinstimmungen zu constatiren. Dieselben finden sich zum Theil auch in den literarischen Erzeugnissen des Mittelalters wieder, welche ihnen gefolgt sind; zum Theil sind dieselben noch mehr entstellt, ganz verschwunden oder durch andere ersetzt worden. Der vorliegende Versuch stellt sich nun die Aufgabe zu untersuchen, wie sich einige Autoren des Mittelalters mit der antiken Sage vom trojanischen Kriege auseinandergesetzt, resp. wie sie sich den antiken Stoff für ihre mittelalterliche Anschauung zurechtgelegt haben.

§ 5. Der eigentliche Stammvater der mittelalterlichen Bearbeitungen der Troja-Sage ist Benoit de Sainte-More in seinem Roman de Troie. Benoits Werk (B) ist von A. Joly, Paris 1870 edirt. Seine Quelle ist Dares, (Da) später, von dem Verrath des Aeneas ab, (vgl. B. 24309 ff.) auch Dictys (Di). Es muss daher auch Da, zuweilen Di in der Untersuchung berücksichtigt werden.

Die zweite grössere Bearbeitung der Troja-Sage, welche hier betrachtet werden soll, ist das Buch des Guido de Columna: Historia destructionis Troiae, auf Veranlassung des Erzbischofs von Salerno, Mathaeus de Porta gegen Ende des 13. Jahrhunderts verfasst, im November 1287 beendigt. Vgl. Barth's Diss. Columna (C) folgt genau B, selten geht er einmal auf Da zurück. Sein Werk ist wiederum die Vorlage gewesen für einen französischen Dramatiker des 15. Jahrhunderts: Jacques Milet, welcher die Troja-Sage in einem Mystère bearbeitete. (L'istoire de la destruction de Troye la Grant translatee de Latin en François mise par parsonnages et composee par Maistre Jacques Milet, estudiant es loix en la ville d'Orléans. Autographische Vervielfältigung des der Königl. Bibliothek zu Dresden gehörigen Exemplars veranstaltet von E. Stengel. Marburg und Leipzig 1883.)

Ueber Milet (M) vgl. Julleville I, 315; II, 569 ff.; Parfaict II, 212; 417 ff.; Bibl. du théâtre français I, 49; Tivier (Hist. etc.) p. 1881 ff.; K. Wunder, Diss. Leipzig 1868.

Dieses Mystère ist besonders interessant, da hier zum ersten Male die Antike, wenn auch noch in mittelalterlichem Gewande auf der französischen Bühne erscheint.

§ 6. Zuerst muss nun festgestellt werden, wie sich unsere 4 Autoren Da, B, C, M, zu Homer (H) stellen. Eine directe

Benutzung war schon oben zurückgewiesen worden. Fast überall finden wir eine ziemlich geringschätzende Ansicht über H und seine Werke ausgesprochen. Schon bei Da (1, 13 ff.), in dem Briefe, welchen Cornelius Nepos, der angebliche Uebersetzer des ursprünglichen Da-Textes, an Sallustius Crispus gerichtet haben soll, wird H als unglaubwürdig hingestellt, weil er erst viele Jahre nach dem Kriege gelebt habe. Ferner sei er für wahnsinnig gehalten und in Athen verurtheilt worden, weil er die Götter mit Menschen habe kämpfen lassen.[1])

Dass diese Verurtheilung in Athen stattgefunden, rührt, wie Jóly I, 167 behauptet, daher, dass sich der Autor des Briefes noch dunkel an die einst so hervorragende Stellung Athens unter den griechischen Städten in Bezug auf Kunst und Wissenschaft erinnert. (Auch M erwähnt öfters Athen in diesem Sinne; z. B. 6000 ff., 6040 ff., 22127, p. 367, v. 80); B folgt Da genau in der Werthschätzung H's. Er sagt darüber in den einleitenden Versen 45 ff.:

Omers qui fu clers merveillos	Del grant siege et de l'acheson
Des plus sachanz, ço trovon nos,	Por quei Troie fu desertée,
Escrit de la destruction,	Qui ainc puis ne fui rabitée;

und fährt dann fort

Mès ne dit pas sis livres veir	Qu'il ne fu puis de C. ans nez
Car bien savon sans nul espeir	Que li grant oz fu assemblez.

In den folgenden Versen macht er ihm dieselben Vorwürfe wie Da, doch hat er immerhin grosse Achtung vor dem Sänger der Ilias, denn er fügt 67 ff. hinzu:

Mès tant fu Omers de grant pris	Que sis livres fu receuz
Et tant fist puis si con gie lis,	Et en auctorité tenuz.

B fasst also den H als einen Poeten auf, den man wohl wegen seiner Verdienste in Ehren halten, dem man aber bei seiner Entstellung der Thatsachen nicht folgen könne.

In Bezug auf die Glaubwürdigkeit H's theilt C die Meinung B's, dem er, selbst in Einzelheiten, genau folgt. In der Vorrede bemerkt er, dass die Sage vom trojanischen Kriege schon früh durch einige Autoren entstellt worden sei: Inter quos suis diebus maxime auctoritatis homerus apud grecos eius historie puram et simplicem veritatem in versuta vestigia variavit, fingens multa que non fuerunt et que fuerunt aliter transformando, (C a 1 α)[2])

---

1) (Homero) qui post multos annos natus est, quam bellum hoc gestum est. de qua re Athenis iudicium fuit, cum pro insano haberetur, quod deos cum hominibus belligerasse scripserit.

2) Ich citire den C nach einem alten Drucke ohne Datum und Seitenzählung. Letztere habe ich in der Weise zu ersetzen gesucht, dass ich

Weiterhin wirft auch er dem H vor, die Götter handelnd in seine Erzählung eingeführt zu haben. Daher wolle er in seinem Buche Di und Da folgen und dabei ihre Berichte ergänzen, da sie manche Einzelheiten ausgelassen hätten: „particularia que magis possunt allicere animos auditorum". Er steht der Partei der Trojaner fast noch sympathischer gegenüber als B. So macht er dem H heftige Vorwürfe darüber, dass er Achill (Ach) in seinem Buche vor Hector (He) bevorzugt und mit Lob überschüttet habe. Als Troilus (Tro) von Achilles Hand gefallen ist, ruft er H tadelnd an: Sed o homere, qui in libris tuis achillem tot laudibus tot preconiis extulisti, que probabilis ratio te induxit ut achillem tantis probitatum titulis exaltasses, ex eo precipue quod dixeris achillem ipsum suis viribus duos hectores peremisse, ipsum videlicet et troilum fortissimum fratrem eius. Sane se te induxit grecorum affectio a quibus originem diceris produxisse, vera non motus diceris ratione sed potius ex furore. (13 β). Auch 14 α hält er dem H vor, wie Unrecht er gethan, den Ach. zu rühmen, der einen tapfern Helden nur durch Verrath besiegen könne.

Bei M ist seltsamerweise keine Anspielung auf H zu finden, nirgends wird dessen Name genannt, während M sonst C genau folgt. Als Quelle giebt er an: „ung livre faisant des troyans mencion" (303 f.). Der Gedanke, durch welchen B hauptsächlich zur Abfassung des Roman de Troie veranlasst wurde (vgl. Joly I, 145) wird bei M offen ausgesprochen. In einer allegorischen Erzählung im Prolog schildert M, wie er an einem Baum viele Wappenschilder hängend gefunden habe, von denen 3, jedes mit dem Buchstaben C verziert, ihm besonders aufgefallen wären. Auf die Veranlassung der „Devocion" gräbt er am Fusse des Baumes nach und entdeckt nebst vielen andern das Wappenschild der Trojaner: „donc lost de france est descendu Passe apres de cinq mille ans." Angeregt von seiner Entdeckung beschliesst er: „de faire listoyre de Troye", um so die Urahnen seines Königs Karl VII zu verherrlichen, dessen Wappen sich unter den drei ersten Schildern durch eine Krone und höhere Stellung ausgezeichnet findet. Um nicht das zu wiederholen, was Andere vor ihm in Prosa und Latein geschrieben, will er die Geschichte des trojanischen Krieges dramatisch behandeln: „la faire par parsonnages." M verfasste sein Stück

die Signatur α1—α4 etc. bis α6 etc. weiterführte. Ausserdem bezeichnete ich noch die 4 Spalten, unter deren letzter sich die Signatur befand mit α-δ.

also nicht sowohl aus Interesse am Stoff als solchem, als aus dem Grunde, weil derselbe mit der Geschichte und den Traditionen des französischen Volkes eng zusammenhing. Er entlehnt den Stoff dem Alterthum, haucht ihm aber zugleich durch die Erwähnung jener Tradition nationalen Geist ein. Auch benutzt er die allegorische Erzählung des Priamus (Pri.) zu einer Verherrlichnng Karls VII. (vgl. 25053 ff.) Ebenso scheint es, als ob er an Beziehungen zwischen He. und der französischen Dynastie gedacht habe, denn auf dem Bilde p. 214 ist He.'s Pferd mit einer Decke versehen, auf welcher Lilien eingestickt sind. Ist doch auch He. für ihn das Ideal eines Ritters, welchem nicht einmal Ach. zur Seite gestellt werden kann.

§ 7. Wenn man nun die Ilias mit den mittelalterlichen Bearbeitungen der Troja-Sage vergleichen will, so wird man in erster Linie die Kampfscenen untersuchen müssen. Ist überhaupt eine Uebereinstimmung vorhanden, so wird sie sich hier am ersten zeigen. Am deutlichsten gewahrt man noch den Zusammenhang zwischen der Ilias und unseren Bearbeitungen der Sage in dem Verzeichniss der beiderseitigen Streitkräfte, wie es im 2. Buche von H gegeben wird. Von Di zu Da und von diesem weiter zu B und C fortschreitend macht sich die immer weiter gehende Verstümmelung der Eigennamen geltend. Merkwürdig ist, dass Di und Da in so speciellen Angaben wie Zahlen und Namen dem H folgen, während sie ihn doch sonst als sehr unzuverlässig hinstellen und auch im weiteren Verlaufe der Erzählung oft und zum Theil bedeutend von ihm abweichen.

M hat das Verzeichniss der Truppen und Schiffe nicht in sein Mystère herübergenommen, doch entspricht demselben einigermassen die Aufzählung der einzelnen Anführer, zu denen Citheus von Menelaus (1457 ff.), Machabrum von Pri. (6291 ff.) geschickt werden, um sie um Hülfe zu bitten. Doch werde ich in der folgenden Tabelle, welche die Namen des Schiffskatalogs bei H mit denen bei Di Da B und C zusammenstellt, M nicht berücksichtigen, sondern in einer zweiten Uebersicht sämmtliche in seinem Stück auftretende Personen aufführen.

Tabelle des Schiffskatalogs: H. (Βοιωτία ἢ Κατάλογος τῶν νεῶν) II, 494—759; Di 13,1—14,1;
Da 17,1—19,8; B 5587—5695; C e 3 d ff; (M 3459 ff.)

	H	Di	Da	B	C
Böoter:	Peneleos (50)	= (50)*)	— (50)	— (50)	— (60)
	Leitos				
	Arkesilaos			Archelax	Archelaus
	Klonios				
	Prothoënor				
Orchomenos:	Askalaphos (30)	= (30)	= (30)	Aschalafus (30)	Atalaphus (30)
	Jalmenos			(Alinus * 18)	Helimus * 18.
Phoker:	Schedios (40)	= (40)	= (40)	Scedius (50)	Tedius! (50)
	Epistrophos			Epistroz	
Lokrer:	Aias Oileos (40)	= (40)	= 37!	= u. Archelax (37)* 10)	= (56)!
Euböa:	Elephenor (40)	= (40)	* 9.)		
Athen:	Menestheus (50)	= (50)	= (50)	= (50)	= (50)
Salamis:	Aias Telamonios (12)	= (12)	= (—)*6.) u. Teucer	= u. Teucer (50)!	= u. Teutor (50)
Argos:	Diomedes (80)	= (80)	= (80)	= (80)	= (80)
	Sthenelos	* 1.		Thenelus (vgl. Da. Hs G 19,1)	Telenus
	Euryalos	* 1.			
Mykene:	Agamemnon (100)	= (100)	= (100)	= (100)	= (100)
Lakedämon:	Menelaos (60)	= (60)	= (60)	= (40)!	= (60)
Pylos:	Nestor (90)	= (90)	= (80)!	= (80)!	= (50)
Arkadia:	Agapenor (60)	= (60)	= (40)!	Capador * 14.) (50)	Capenor
Buprasion, Elis:	Amphimachos (40)	= (40)	= (40)	Anfimac (—)	Amphiatus (—)
	Thalpios			Theseus!	Theseus
	Diores			Dorion!	Dorion
	Polyxenos			Polyxenart	
Dulichion:	Meges (40)	= (40)			
Ithaka:	Odysseus (12)	Ulixes (12) * 2)	Ulixes (12)	Ulixes (50)!	Ulixes (50)

*) = bedeutet denselben Namen. — das Fehlen desselben. Die Zahlen entsprechen der Anzahl der Schiffe.

	H	Di	Da	B	C
Aetolien:	Thoas (40)	=(40)	=(40)		=(50)
Kreta:	Idomeneus (80)	=(80)	=(80)	=(80)	Idumeneus (80)
	Meriones				Merios
Rhodos:	Tlepolemos (9)	=(9)	=(9)	Leopolus (10)	Thelapalus (20)
Syma:	Nireus (3)	=(3)	=(53*7.)	—	—
Kalydn. Inseln:	Pheidippos (30)	=(30)	=(30)	—	—
	Antiphos				
Phthia:	Achilleus (50)	=(50)	=cum(50) Patroclo	=(40)! u. Patroclus de Themese (50)	=(50) (Protholius (40)
Phylake:	Protesilaos (40)	=(40)	=(40)	Protheselax (50)	=(50)
	Podarkes			Portacus *13.	Protobachus
Pherae:	Eumelos (11)	=(11)	=(10)!	Emelius (10) *12.	Melius (10)
Melibőa:	Philoktetes (7)	=(7)	=(7)	Politenes (7)	Poliphebus (7)
	Medon				
Trikka:	Podaleirios (30)	=(30)	=(32)	Pelidri! (30)	Polidus (22)
	Machaon				
Ormenion:	Eurypylos (40)	=(40)	=(40)	=(50)	Euphilus (40)
Argissa:	Polypoetes (40)	=(40)	=(40)	Polibetes (60)	Polibetes (30)
	Leonteus			Léurcins	(Amphimacus)
Kyphos:	Guneus (22)	=(22)	=(21)!	Ennéus (10)	(Firmeus) (21)
Magneter:	Prothoos (40)	=(40)	=(40)	Patroclus (50) *15.	Protholius (40)

Ausserdem sind noch erwähnt: Thessandros(50)*3.) Antiphos(11)*8.) Zantipus(14)17)* Antiphus(21)
  Calchas (20)   Amphimachus   Anfimas   Amphimachus
  Mopsus (20)*4.)   Crepeus(20)*16.)   Doximax(50)
  Epios (30)*5.)   Polipotes }(60)
                               Lofius
                               Treorius(32)
                               Palamides

Palamedes (30)

§ 8. Es mögen hier noch einige Angaben über die Zahl der Truppen und Schiffe folgen.

Bei H beträgt die Summe der Schiffe 1186, die Mannschaft der Griechen (mit 45 Führern im Catalog) etwa 110,000, die der Troer und Bundesgenossen (27 Führer im Catalog) 50,000 (vgl. Ilias VIII, 562 ff.)

Di führt nach dem Catalog keine Gesammtzahl für die griechischen Schiffe und Truppen an. Genauer ist Da, welcher 19,6 f. die Zahl der griechischen Anführer auf 49, die der Schiffe auf 1130 angiebt.

Diese Summe nennt auch B, und 5705 f. bemerkt er von den griechischen Streitkräften: La conta len de chevaliers Et esma a set C. milliers (vgl. auch B 5687 ff.) während nach Da 52,8 f. von den Argivern am Schlusse des Krieges 886,000, von den Trojanern 674,000 gefallen sein sollen.

C (e 4 β und f 5 δ) stimmt mit Da in der Zahl der griechischen Führer (49) überein; die Summe der Schiffe schätzt er auf 1222. Interessant ist aber, dass er daneben die richtige Schiffszahl des H angiebt. Er sagt e 4 β: Homerus vero dixit in temporibus suis naves mille centum octoginta sex asportasse, sed forte pre tedio numerum integrum non descripsit In der Angabe der Truppenzahl ist C nicht so genau. Er schätzt sie auf „plus quam centum milia grecorum (f 3 δ) M hat ganz willkürliche Zahlenangaben. Wie Sentippus bemerkt (6115 ff), sind es 60 Könige, welche in 40,000 Schiffen gegen die Trojaner heranziehen.

§ 9. Es seien nun noch einige Bemerkungen im Anschluss an die Tabelle über die Namen bei H und den Uebrigen gestattet.

1) Sthenelos und Euryalos, die Begleiter des Diomedes, sind in der Ilias auch zusammen im Catalog aufgeführt, ebenso verfährt Da. Di dagegen nennt Beide schon p. 11,14 f. ohne Diomedes, um sie dann im Catalog auszulassen.

2) Es ist eigenthümlich, dass selbst Di, der doch H am nächsten steht, überall die lateinischen Namen für die griechischen einsetzt, so auch Ulixes für Odysseus. Ihm folgen die Anderen. Doch hat B oft den Ausdruck „fils Tideus" ($Tv\delta\acute{e}o\varsigma$ $vi\acute{o}\varsigma$) für Diomedes (vgl. B 12311, 14221, 14928, 19750, 22786 ff, 23624 u. ö.) auch C kennt diese Bezeichnung, filius Tidei (h 5 β).

3) Thessandrus, der Sohn des Polynices von Theben, kommt nur bei Di vor. Obgleich ihn Di schon im Anfang

des Krieges von Telephus' Hand fallen lässt, ist der Name wohl aus Virgil entlehnt, bei welchem Aen II, 261 ein Thessandrus in Begleitung des Sthenelus erscheint.

4) Mopsus aus Colophon ist ebenfalls nicht bei H zu finden. Auch Da nennt ihn, aber in der Aufzählung der trojanischen Bundesgenossen, wo er richtiger am Platze ist (Da 22,16).

5) Epios steht im Catalog nur bei Di, Da kennt ihn gar nicht. Vgl. auch Il. XXIII, 665; 840; Od. XI, 523.

6) Aiax Telamonius hat nach Da 17,18 gar keine Schiffe unter seiner Führung, während ihm Di und H 12 geben. Meister schlägt daher vor, nach Dederich's Lesung, „navibus XII" nach dem Worte fratrem (Da 17,18) einzuschieben und ihm so dieselbe Anzahl zu geben wie bei H und Di.

7) Auffallend ist, dass Nireus bei H und Di nur 3, bei Da dagegen 53 Fahrzeuge hat. Vielleicht könnte man annehmen, dass Da hier Di folgte und die beiden neben einander stehenden Zahlen L und III als eine, LIII ansah (Di 13,19), welche er dann als zu Nireus gehörig betrachtete. (Vgl. Da Hs. G. 18,3.)

8) Antiphus und Amphimachus werden von Da zweimal erwähnt. Bei H kommen ausser dem II, 678 genannten Griechen Antiphos noch zwei Troer gleichen Namens vor (Da 23, 2, Il II, 864 und XI, 109). Ein Amphimachus findet sich bei H ausser dem Il. II, 620 genannten auf der Seite der Troer (II, 870. Da 22,17). Es ist hier also vielleicht eine Verwechslung der Nationalitäten eingetreten.

8) Elephenor kommt zwar im Catalog bei Da nicht vor, wird aber 26,19 erwähnt.

10) Archelax wird von B zweimal gesetzt, von C dagegen nur einmal. (Da Hs G hat 17, 14 Archelaus).

11) Filitoas wird nur von B erwähnt. (Vgl. Da Hs G 18,5, welche an dieser Stelle antippus philippus und thoas aufweist. C erst h 1 γ (philateas) und h 2 α).

12) Emelius stützt sich auf Da Hs G 18,8: Emeleus ex pirgis. B hat aus dem letzten Worte tygris gemacht (B 5634). Bei C ist die Verstümmelung noch weiter vorgeschritten: Melius de civitate sua dicta pigris (e 4 α).

13) Portacus ist durch die Lesart von Da Hs G potarcus (Da 18,9) hindurchgegangen mit Umstellung des r.

14) Capador entspricht wohl dem Agapenor bei Da. Mehr als B weist C mit Capenor darauf hin. Auch Capadie

ist eine starke Entstellung für Arcadia. (Vgl. B 5679; Da 19,5).

15) Patroclus de Temese hat B für das in Da Hs G 19,4 vorgefundene prothoclius, als ihm bekannter, substituirt.

16) Euneus ist von B verlesen aus dem richtigen Guneus, welches er in Da Hs G fand. Zugleich entnahm er den verstümmelten Ländernamen Cipre aus Da Hs G 19,3 für Cyphus.

17) Zantipus hat B für Da Hs G 18,15 Antippus. Vielleicht liesse sich eine Benutzung von Da Hs L vermuthen, denn hier heisst der Name Xantipphus. (Vgl. B 11975).

18) Auf die Benutzung von Da Hs L seitens B weist vielleicht noch der Name Alinus bei B für Jalmenus hin. Hier bietet Da Hs G alumnus (17,15), L dagegen alimnus, steht also B näher als G. (Vgl. auch Greif l. c. § 35 ff., Meisters Ausgabe des Da praef. p. XXVIII.) — Schon aus diesem flüchtigen Ueberblick geht hervor, in welch' grober Weise B die durch Da überlieferten Namen entstellt. C folgt ihm hierin genau. B corrumpirt aber nicht nur die ursprünglich griechischen Namen, er fügt auch neue hinzu, die er theils selbst erfindet, theils den Scholiasten, Quintus von Smyrna und Tryphiodorus entlehnt.

Es sei mir gestattet, zu den von Joly I, 222 gegebenen Namen noch einige anzuführen. Ganz mittelalterliches Gepräge tragen die Namen Dodaniez del pui de Vir (8446) Glot de Valfret (8988), Madan Clavoil (9855), Nez d'Amours (9920), Mondanz Clariax (8078), Goluz d'Agluz (8087) Hugo delez (8088) u. A. Namen, welche B's Vorliebe für den Orient kennzeichnen sind z. B. Melles d'Oreb (9845), Sicamor (7441), Merion del reialme des Indiains (14090), Politenes d'oltre les puis de Calcasus (16105 ff.; Er setzt hinzu: Ço est vers Inde la major); auch König Orcomenis ist in Indien zu Hause (11960) und selbst Nestor's Königreich liegt am Libanon (19665; vgl. auch 12182).

Lateinisch aussehende Namen sind Quintiliens (9036), Sisiliens (18581), Cassibalan (7971; vgl. auch Joly II, 7971 Anm. Greif § 36) und griechisch klingende: Sersès (7376), Pictagoras (7886) und Ermagoras (9849). Recht deutliche Beispiele für das geringe Wissen B's im Griechischen und Lateinischen sind auch falsche Uebersetzungen. (Vgl. z. B. 27174 zu Di p. 100,34; Joly I, p. 197 Anm.: ferner B 27407 (C n 3 α), Joly II v. 27407 Anm., auch vgl. Joly I p. 205 f. nebst Anm. und Meisters Ausgabe des Da praef. p. XXVIII f.)

§ 10. Da, wie schon bemerkt, sich bei M kein Schiffs=
katalog findet, so sei es erlaubt, zur bessern Vergleichung
die Personen aufzuführen, welche in M's Mystère auftreten.
Petit de Julleville hat dieselben in seiner Analyse des Stückes
in der Reihenfolge aufgezählt, in welcher sie auf der Bühne
erscheinen. Ich wähle im Folgenden die Anordnung nach
den Nationalitäten, innerhalb derselben die alphabetische
Reihenfolge. Die Zahlen bezeichnen das erstmalige Auftreten.

I. Griechen.
1) In der Ilias vorkommende Personen.

Achilles (3509). — Agamemnon (3248). — Aiax (4110)
[Es fehlt jede nähere Bezeichnung, jedenfalls ist aber Aiax
Oileus gemeint]. — Apius (26081) [Es ist dies der Erbauer
des hölzernen Pferdes, B Epius, C Apius]. — Archilogus (3987)
[In der Ilias ist Archelochos der Sohn des Antenor, hier des
Nestor. Er hat also seine Nationalität gewechselt. Die
übrigen Autoren haben den richtigen Namen Antilochos für
den Sohn Nestors]. — Calcas (6689) [Auch hier, wie bei
Da B und C ist er ursprünglich Trojaner, geht aber in Folge
eines Orakelspruches zu den Griechen über]. — Diomedes
(3559). — Licomedes (20730) [Erzieher des Neoptolemos;
allerdings ist der Lykomedes H's ein anderer als der hier
genannte (vgl. Il. XVII, 346; XIX, 240) Il. XIX, 327 wird
nur bemerkt, dass der Sohn Ach's in Skyros erzogen werde.
Mit H stimmt nur der Name, nicht die Person]. — Menelaus
(3119). — Menestheus (5906). — Merion (6671) — Nestor
(892). — Patroclus (3526). — Peleus (625) [Der Fehler
Peleus für Pelias ist von B eingeführt und von seinen Nach=
folgern adoptirt worden. (Vgl. Joly I, 222 Anm) Aber hier
liegt wohl nicht $Πελίης$, sondern $Πηλεύς$ vor]. — Pirrhus
(20664). — Prothenor (4254). — Prothesilaus (3613). —
Thelamon (719) [Vater des Aiax Telamonius]. — Thoas (6040).
— Ulixes (3581). — Briseida (12378) [Als Tochter des Calcas
ist sie ursprünglich Trojanerin, wird aber auf dessen Ver=
langen an die Griechen ausgeliefert].

2) Personen, die nicht bei H vorkommen.

Adamas (4498) [Diener des Protesilaus; allerdings
kommt in der Ilias, z. B. XIII, 759,771 ein $Ἀδάμας$ vor,
er ist aber ein Trojaner und Sohn des $Ἀσιος$]. — Agalion

(8074) [Bannerträger des Palamides]. — Auldimeche (10424) [Statist; fehlt bei Juleville]. — Basaac (7003) [Untergebener des Ach., Anführer der Myrmidonen nach dem Tode des Patroclus.] — Basaam (6048) [auch Basam (11696); Juleville hat nur Basaac und Basam. Höchst wahrscheinlich sind alle drei eine und dieselbe Person]. — Cadimas (6048) [Statist; fehlt daher bei Juleville]. — Castor (812) [Er wird zwar auch Il. III, 237 genannt, tritt aber erst bei M redend auf]. — Cediron (4266). — Citheus (3107) [Er ist ein „grec messagier", welcher Menelaus die Nachricht vom Raube der Helena überbringt. Er fungirt auch oft als Herold und Gesandter; z. B. wird er von Menelaus zu den griechischen Fürsten geschickt, um ihre Hülfe zu erbitten. Er hat dieselbe Rolle auf Seite der Griechen, wie Machabrum auf Seite der Troer]. — Cloacus (4615) [Untergebener des Ulysses]. — Corinthus (4803) [Diener des Aiax]. — Egenus (2111) [Einer der drei Griechen Protheus, Thideus und Egenus, welche Paris nach seiner Ankunft in Citharee zum Tempel der Venus führen]. — Finees (7226) [„Clerc" des Calcas beim Opfer im Tempel zu Delon (Delphi); auch er geht, wie Calcas, zu den Griechen über]. — Micheus (4502) [Diener des Prothenor]. — Miselet (17261) [Ein Anführer der Myrmidonen]. — Naulus (3627) [Vater des Palamides]. — Nichanor (5907) [Statist; fehlt bei Juleville.] — Palamides (3803). — Permenis (4615) [Diener des Ulysses]. — Pollux (827) [vgl. oben Castor; Il. III, 237; Od. XI, 300]. — Protheus (2081) [vgl. Egenus]. — Seneschal des Diomedes. (3657) [ohne weiteren Namen]. — Sergestus (4308) [Diener des Cediron]. — Synon (26183) [Aus C oder Virgil entnommen. Er verbirgt sich selbst mit in dem hölzernen Rosse, bekommt aber von Pyrrhus den Schlüssel, um zur rechten Zeit zu öffnen und das verabredete Zeichen zu geben]. — Florimonde (2146) [Kammerjungfer der Helena].

II. Trojaner und Bundesgenossen.

1) Personen, welche in der Ilias erscheinen.

Adrastus (13209) [Auch Adastus (23751); beide sind wohl identisch; Adrastus und Erupius sind untergeordnete Diener; oft werden sie angewiesen einen Verwundeten oder Toten vom Schlachtfelde nach Troja zu schaffen; Juleville hat nur Adrastus]. — Amphimachus (22419) [Sohn des Pri.;

in der Il. wird ein Anführer der Karer gleichen Namens
erwähnt, Il. II, 870]. — Anchises (110) [Il. V, 247 erwähnt,
nimmt hier aber an der Handlung theil]. — Anthenor (229).
— Deiphebus (256). — Enee (176, auch Eneas (19730).
— Epistropus (7561) [Bei H kommen verschiedene Troer namens
Ἐπίστροφος vor, wahrscheinlich ist hier der II, 856 erwähnte
Führer der Halizonen gemeint, der auch von B C im Catalog
aufgeführt wird]. — Glancon (7394). — Hector (1026). —
Helenus (325) [Sohn des Pri; ist berühmt als Wahrsager
und Traumdeuter; vgl. Il. VI, 76.] — Huppon (7489) [Ist
wohl der homerische Ἱππόθοος, ein Sohn des Pri. vgl. Joly
I, 206]. — Menon (17306) [Wird nur Il. XII, 193 genannt,
wo er von der Hand des Leonteus fällt; vielleicht ist er
identisch mit Menones (164); Juleville führt beide an]. —
Paris (142). — Philimenis (7348) [Ist wohl der homerische
Πυλαιμένης, denn Beide sind Anführer der Paphlagonier,
vgl. Il. II, 851]. — Pollidamas (126). — Priamus (1). —
Theseus (7535) [Nur Il. I, 265 erwähnt; Eigenthümlich ist,
dass der attische Stammheros hier zum Bundesgenossen der
Troer gestempelt wird]. — Troyllus (337) [Il. nur XXIV,
257]. — Andromache (11643). — Helene (4141). — Hercuba
(1808). — Les filles (der Hercuba) (26817).

2) Personen, welche bei H nicht erwähnt werden.

Achinas (23751) [Untergebener des Antenor; fehlt bei
Juleville]. — Ampheneas (7473). — Amphibilaus (9775)
[Natürlicher Sohn des Pri]. — Amphorbius (8446). — Asca=
nius (114) (Jedenfalls aus Virgil entnommen]. — Athamas
(8649) [Er meldet das Herannahen der Griechen vor der
ersten Schlacht; fehlt bei Juleville]. — Athimas (497) [Diener
des Antenor; Vielleicht ist er mit Athamas identisch. Gegen
diese Annahme spricht freilich, dass der Letztere in der
Bühnenanweisung nach 8649 neu eingeführt wird mit den
Worten: ung troyan parlera nomme athamas, obgleich er,
falls Beide identisch wären, durch die Rundreise, welche
Athimas und Anthenor an den griechischen Fürstenhöfen
gemacht, genügend bekannt wäre]. — Bouetes (7519]. —
Calixtus (7765) [Bannerträger des Buetes]. — Casmabor
(9773) [Natürlicher Sohn des Pri]. — Cidrac (25882) [„Clerc"
des prestre Thoas]. — Cloantus (10564). — Coreas (7771)
[Bannerträger des Theseus]. — Erupius (10065) [„varlet"
des He.]. — Herion (16199) [Statist; fehlt bei Juleville]. —

Liconius (160). — Machabrum (94 [Untergebener des Pri.,
vgl. auch Citheus.] — Margariton (9777) [Natürlicher Sohn
des Pri.]. — Menones (164) [vgl. Menon]. — Panthenon
(7739) [Bannerträger des Philimenis; Juleville: Pantheon].
— Philotas (7781) [Bannerträger des Epistropus]. — Plotinus
(7786) [Gleichfalls Diener des Epistropus, trägt seine „hache"
vor ihm her; Juleville: Platonius]. — Sagittaire (11109)
[Ebenfalls in Diensten des Epistropus; weiteres über ihn
unten]. — Sentippus (5984) [Ein „marchant de troye", welcher dem Pri. die Nachricht von der Rüstung der Griechen
in Athen überbringt, wo er sich gerade aufhält. Er wird
später auch mit der Herstellung von Ach's und He's Grabmal
betraut]. — Simoys (7760) [Bannerträger des Pilon; dieser
Personenname erinnert an den Flussnamen Σιμόεις. Auch
die übrigen Autoren haben Reminiscenzen davon, nur M hat
einen Personennamen daraus gemacht. Da 3, 19 erwähnt
einen portum Simoenta, in welchem Jason auf seiner Fahrt
nach Colchis anlegt; B 969: havre de Simoneta; C a 4 γ:
in portu simeonte. Ein Troer Σιμοείσιος wird Il. IV, 474
erwähnt]. — Sisteron (7752) [Bannerträger des Ampheneas;
fehlt bei Juleville]. — Sixtus passagoniens (7324) [Ist „sergent" des Philimenis]. — Thoas prestre (25663) [Priester
im Tempel der Minerva auf Ilion; steht für Theanz des B C,
welches eine Entstellung aus dem Namen der Priesterin der
Athene Θεανώ ist; der Name fehlt bei Juleville; ich glaube
aber nicht, dass der hier genannte und der 6040 erwähnte
Grieche Thoas identisch sein können.] — Creusa (14389)
[Jedenfalls Virgil entnommen, denn C kennt sie nicht]. —
Polixene (3042) [H nennt nur einen Griechen Πολύξεινος II,
623]. — Die Amazonen. Besonders erwähnt werden Esglantine (20022); Galienne (21006); Mabille (21038); Panthasilee
(20878) [Da und B C haben nur die letztere, die Königin der
Amazonen, die andern Namen sind M's eigene Erfindung.]
— Wichtig für die Beurtheilung M's bezüglich seiner Stellung
zur Antike und seiner Auffassung von den Göttern des H
ist l'idolle Apollo (7162), welches redend in den Gang der
Ereignisse eingreift. Diese Offenbarung des Apollo ist die
einzige directe Aeusserung des Willens der Götter und zeigt,
dass M sich hier bestrebte, der Antike in seiner Auffassung
möglichst nahe zu kommen. — Aus dem Verzeichniss der
Namen und dem Vergleich derselben mit den von B C gebrauchten, lässt sich erkennen, dass M die Namen bei weitem nicht

in so entsetzlicher Weise verstümmelt, wie es von B geschieht. Auch erwähnt M. nicht eine so grosse Anzahl von mittelalterlichen Namen und nicht so ganz dem antiken Geiste widersprechende wie B und C. Auch lassen einige Namen bei M Reminiscenzen an das Alterthum vermuthen. So z. B. Protheus, Egenus (vielleicht mit Aegeus zusammenhängend), Corinthus, Naulus, Pantheon, Plotinus (Platonius Juleville), Simoys u. A. Namentlich in den von ihm selbst hinzugefügten Namen ist er fast durchweg bemüht, mittelalterliche Färbung zu vermeiden, mit Ausnahme vielleicht der Bezeichnung für die Amazonen, denn Florimonde und Mabille sind echt mittelalterliche Namen.

§ 11. Es sollen nun die Kampfscenen bei H im Vergleich mit denen bei Da B C M einer kurzen Betrachtung unterzogen werden. Doch sei bemerkt, dass natürlich nicht genaue und bestimmte Concordanzen gegeben werden können, da ja die homerische Ilias nicht die directe Quelle für unsere Autoren gewesen ist; es können also nur Anklänge gefunden werden, Spuren von homerischen Scenen, welche hier noch fortleben. — Gerade die Kampfschilderungen mussten das besondere Interesse der mittelalterlichen Autoren, wie des Publikums erregen, und so kann es nicht Wunder nehmen, wenn B aus der dürren Aufzählung des Da von den Gefallenen und den Verlusten beider Parteien mit Hülfe seiner reichen Phantasie eine lange Reihe von zum Theil sehr lebendigen Schlachtgemälden schuf. Joly hebt mit Recht hervor, dass der Roman de Troie in dieser Beziehung eine hervorragende Stellung unter den übrigen Bearbeitungen von antiken Stoffen einnimmt, die meist nur mehr oder minder freie Uebersetzungen sind. cf. auch Greif § 37, ff.

C folgt B selbst in Einzelheiten, zumeist in trockener Uebersetzung, die sich nur bisweilen zu höherem Schwunge erhebt. Doch fügt er auch Manches selbst zu dem von B Ueberlieferten (vgl. Dunger p 61 ff.)

M behandelt nicht die ganze Masse des Stoffes, wie sie ihm von C gegeben wurde. Wie er z. B. die Vorgeschichte von Troja, die Geschichte von Jason und Medea fortlässt, so beschränkt er sich auch in der Schilderung der Kampfscenen auf einige wenige, aber passend gewählte, die er durch geschickt eingeflochtene Reden der Hauptpersonen zu beleben sucht.

Da die Kriegsereignisse sich in der Ilias vorzugsweise als eine Reihe von Zweikämpfen hervorragender Anführer darstellen, so werden die Einzelkämpfe am besten zur Vergleichung geeignet erscheinen. Ich beobachte bei derselben die Reihenfolge, in welcher sich die Kampfscenen bei Da abspielen; ihm sind B C M hierin gefolgt.

Im Ganzen werden von Da 23 verschiedene Zusammenstösse zwischen Griechen und Troern geschildert, die theilweise auch von B C berichtet werden; M dagegen berichtet nur von 8 Kämpfen, resp. Kampftagen.

In der ersten Feldschlacht, der eine Art Seetreffen vorausgeht, ist Protesilaus der Erste, welcher auf griechischer Seite fällt. Da 24, 9 f.). B 7101 und C g 1 γ berichten auch, dass er der Erste ist, welcher an das Land kommt, doch wird er erst später von He. getötet (B 7482, C g 3 α) Auch M giebt in der Bühnenanweisung nach 8666 an: „Lors prothesillaus frappera le premier ung troyan tant quil charra a terre tout mort." Er stirbt durch He. v. 8735. Eine annähernde Uebereinstimmung ergiebt sich hier mit Il. II, 701 f., wo He. allerdings noch nicht näher bezeichnet wird:

τὸν δ᾽ ἔκτανε Δάρδανος ἀνήρ
νηὸς ἀποθρώσκοντα πολὺ πρώτιστον Ἀχαιῶν.

vgl. ferner Il. XV, 705 und XVI, 286. (Bei Di 24, 28 fällt Protesilaus durch Aeneas).

Im 2. Kampfe (Da 24, 15; B 8291; C g 5 β; M. p. 161) ist vor allem der Tod des Patroclus zu erwähnen. Allerdings ist eben nur zu constatiren, dass er durch He. fällt, fast sämmtliche begleitende Umstände, welche in der Il. geschildert werden (XVI, 782 ff.), sind verändert oder fortgelassen. Letzteres musste natürlich geschehen bezüglich des Eingreifens des Apollo in den Gang der Schlacht, indem er den Patroclus betäubt und wehrlos seinen Feinden preisgiebt. Das dem Kampfe voraufgehende Zwiegespräch zwischen Patroclus und He., sowie der schmerzliche Abschied des Ersteren von Ach. (9839 ff.) erinnert bei M an Il. XVI, 49 ff. Sonst lässt sich keine Uebereinstimmung mit den Vorgängen bei H constatiren, ausgenommen vielleicht die Absicht He.'s dem gefallenen Gegner die Rüstung zu rauben (vgl. Da 24, 19 ff.; B 8328; C g 5 γ; M 10049) Bei B C finden sich auch Andeutungen von einem erbitterten Kampfe um die Leiche des Patroclus. Doch nur Idomeneus (C) und Merion (B) finden

sich auch bei H unter den Kämpfenden. Mennon (B Merion) eilt mit 3000 Griechen herbei, ferner Glaucon, Theseus und Artilogus (B Antilochus), um He. den Leichnam zu entreissen, bis es endlich nach Ankunft des Idomeneus (B Diomedes) mit 2000 (B 10000) Griechen gelingt, den Körper in Sicher=
heit zu bringen. Bei M ist es Prothenor, welcher mit Unterstützung von 10,000 chevaliers und unter Verlust von „deux corps" den Leichnam zu Ach. bringt. Ueberhaupt bleiben die für die Ilias charakteristischen Kämpfe um die Leiche eines Gefallenen, welche aus dem pietätvollen Gefühl entspringen, den Toten nicht den entehrenden Misshandlungen der Feinde zu über=
lassen, bei unsern Autoren ganz ohne Entsprechung. Doch wird bei M besondere Sorgfalt darauf verwendet, einen schwer=
verwundeten oder gefallenen Anführer nach Troja zu schaffen. (Vgl. 8719, 10061, 10228, 13209, 13319, 16072, 16258, 17330, 19819 u. ö.).

In demselben zweiten Kampfe ist noch eine Scene wegen ihrer Aehnlichkeit mit einer homerischen bemerkenswerth. Es wird von allen 4 Autoren erzählt, dass He. und Aiax in Kampf gerathen, dass sich aber der Letztere seinem Gegner als Verwandter zu erkennen giebt, da er ein Sohn der Hesione, der Schwester des Pri., also ein Vetter He.'s ist. Auf Grund dieser verwandschaftlichen Beziehungen erfüllt He. sofort die Bitte des Aiax, die Schlacht abzubrechen, da die Griechen sehr bedrängt werden. Hierfür findet man in der Ilias zwei analoge Scenen. Einmal dürfte der unentschiedene Zweikampf des He. und Aiax zu vergleichen sein, welcher im 7. Buche der Ilias erzählt wird. He. fordert die Fürsten der Achäer zum Zweikampfe auf; neun der tapfersten Anführer erbieten sich, mit ihm zu kämpfen; das Loos entscheidet für Aiax. Der Zusammenstoss Beider verläuft resultatlos, die herein=
brechende Nacht führt das Ende des Kampfes herbei. Beide scheiden als versöhnte Gegner nach Austausch von Geschenken. Eine andere, prächtige Episode aus der Ilias ist auch ein Seitenstück dazu. Ich meine das Zusammentreffen des Glaucos und Diomedes im VI. Buche, die sich als Gastfreunde aus der Väter Zeiten erkennen und ebenfalls gegenseitig beschen=
ken. (Vgl. auch Pind-Theb. v. 623 ff.) B erwähnt vorher noch einen Zweikampf des Aiax und He , da hier aber der Zusatz „Thelamonius" fehlt, so ist gewiss Aiax Oileus ge=
meint, der bei H nicht mit He. kämpft. (Vgl. B 9831;

C h 2 γ). In dem letzten Zusammentreffen Beider wird ausdrücklich „Thelamonius" hinzugesetzt (B 10069 C h 3 γ.) In dem 3. grossen Kampfe (Da 25. 26; B 10567; C h 4 β; M p. 178) treten zum ersten Mal die beiden Haupthelden Ach. und He. einander feindlich gegenüber. Bezüglich des Ach. wurde schon bemerkt, dass nicht er, sondern He. der berühmteste und tapferste Kämpfer in den beiden Heeren ist. Besonders B stellt seine Vorzüge gern in helles Licht. Wenn He. auf dem Kampfplatze erscheint, erfahren es die Feinde sofort und wenden sich zur Flucht (B 7507 ff.); er ist so klug und tapfer, dass er verdiente die ganze Welt zu besitzen (B 7630 ff) u. s. w. Durch dieses Vorurtheil und die Parteistellung unserer Autoren wird der ganze Plan der Ilias verschoben, die zu Grunde liegende Idee der $\mu\tilde{\eta}\nu\iota\varsigma$ $\mathrm{'}A\chi\iota\lambda\lambda\acute{\epsilon}\omega\varsigma$ und der $\mathrm{\mathit{\mathring{a}\pi\acute{o}\varrho\varrho\eta\sigma\iota\varsigma\ \mu\eta\nu\iota\delta o\varsigma}}$ ganz aufgegeben. Ach. erscheint schon vor dem Tode des Patroclus in den Reihen des griechischen Heeres. Da aber eine Veranlassung gefunden werden musste, welche Ach. in der 2. Schlacht vom Kampfe fern hielt, so dass Patroclus die Myrmidonen für ihn in das Treffen führen konnte, wurde eine Verwundung des Ach. in der ersten Schlacht supponirt. Da weiss hiervon noch nichts, erst B führt (8143 f.) einen Grund für die Abwesenheit des Ach. an:

    Achilles fu un poi navrez   Si ne s'est pas le jor armez.
(vgl. C g 5 α, M 9829 ff.)

Doch ist nirgends in der ersten Schlacht von einer Verwundung Ach.'s die Rede.

Die homerische Motivirung von Ach.'s Zorn findet sich im weitern Verlaufe der Erzählung bei unsern Autoren wieder, freilich arg entstellt. Noch einmal bleibt Ach. dem Kampfplatze fern, als er von heftiger Liebe zu Polixene ergriffen, dem Pri. versprochen hat, selbst den Kampf zu meiden und seine Waffengenossen zur Rückkehr zu bewegen. Da dieselben seinen diesbezüglichen Bitten kein Gehör schenken, versagt er ihnen auch später seine Hülfe und befiehlt seinen Leuten, ihre Waffen ruhen zu lassen. Es hat also ein echt mittelalterliches Motiv die Stelle des antiken eingenommen. Wenn in beiden Fällen der Zorn des Peliden um eines Weibes willen erregt wird, so tritt in der Ilias doch weit mehr der durch die Wegnahme der Sclavin in seinem Rechte und seiner Ehre gekränkte kriegerische und thatenkühne Held hervor, während bei B „Amors" ihn in

Banden hält und ihm sein Verhalten vorschreibt. [B erwähnt erst am Ende seines Werkes, als er dem Di folgt, eine Episode, die an H erinnert. In dem Streite des Ulysses und Aiax Telamonius um den Besitz des Palladium's, rühmt sich Letzterer damit, dass er es gewesen, welcher den Crises bewogen habe, seine Tochter dem Agamemnon wiederzugeben. Aus dessen Händen habe sie dann Ach. wieder empfangen, nachdem jener geschworen, sie nicht berührt zu haben. (Vgl B 26894 ff. und Di 48, 11 ff.)].

Auch die Scene bei H, in welcher Ach. durch eine Gesandtschaft um Hülfe gebeten wird, findet sich bei Da B C M, doch mit theilweiser Aenderung der Namen.

M führt noch eine Episode ein, die auch an eine ähnliche der Ilias erinnert. Ach. schickt nach dem Tode des Patroclus die Myrmidonen unter dem Führer Basaac in den Kampf. Dieser wird verwundet, kehrt zu Ach. zurück und klagt ihm die Verheerung, welche Troilus unter den Myrmidonen anrichtet. Hierbei vergisst Ach. sein Gelübde, eilt in die Schlacht und tötet den Troilus. Die Persönlichkeit des Basaac ist also gewissermassen ein zweiter Patroclus. Durch ihn wird Ach. veranlasst, wieder auf dem Kampfplatz zu erscheinen und an Troilus Rache zu nehmen.

In der Ilias kämpft Ach. nur zweimal mit He. Das erste Mal (XX, 418 ff.) bleibt der Ausgang unentschieden, da Apollo den gefährdeten Trojanerfürsten seinem Gegner entzieht; XXII, 273 ff. fällt He. Auch Da weiss nur von einem zweimaligen Zusammentreffen; bei B C dagegen kämpfen He. und Ach nicht weniger als fünf Mal gegen einander, im 3., 4., 5. und 8. Kampfe; M kennt nur 3 Begegnungen derselben.

Eigenthümlich ist der Umstand, dass He. bei B C M hinterlistig von Ach. getötet wird, während Da nichts davon erwähnt.

Vielleicht ist dieser Zug aus Di entnommen. Hier wird He. allerdings nicht in offener Feldschlacht, sondern als dieser der Penthesilea entgegenzieht, aber doch „ex improviso" und aus einem Hinterhalte mit sämmtlichen Begleitern getötet. (Di p. 61, 2). Vielleicht könnte man auch diesen verrätherischen Ueberfall, wie er von B C M geschildert wird, vergleichen mit der tückischen Art und Weise, in welcher in der Ilias He. seinem Gegner durch Athene preisgegeben wird, welche in Gestalt des Deiphobos ihren angeblichen Bruder zum Kampfe verleitet und im entscheidenden Augenblicke verlässt. Da bei unseren Autoren die Götter nicht selbst handeln durften, so musste der Verrath von Ach. ausgehen, was durch das Vorurtheil gegen die Griechen im Allgemeinen und gegen Ach. im Besonderen begünstigt wurde.

Noch eine erhebliche Abweichung von der correspondirenden Stelle in der Ilias ist hier zu bemerken. Bei H wird He.'s Leichnam von dem erbitterten Ach. vom Kampfplatz zu den Schiffen geschleift. Bei unseren Autoren wird aber nicht die Leiche des He., sondern die des Troilus in der angegebenen Weise misshandelt, wie es ähnlich bei Virgil geschieht. Ueberhaupt wird Troilus oft für He. gesetzt und diesem an Tapferkeit gleichgestellt. Z. B. C (I 3 β) bemerkt, Ach. habe 2 He. getötet, von denen der zweite Troilus sei. Bei Da findet sich die Misshandlung des Körpers des gefallenen Troerfürsten noch nicht (Da 39, 17), dagegen B 21421 ff., C I 3 β, M 17275. Jedenfalls hat B dabei die Stelle in Virgils Aen. I, 474 ff. vorgeschwebt, wo Troilus, von Ach. verwundet, sich in die Zügel seines Wagengespanns verwickelt und geschleift wird.

Bemerkenswerth ist, dass C am Ende seines Buches auch die Misshandlung der Leiche des He. durch Ach erwähnt und zwar in der Grabschrift He.'s o 7 β (Di 61, 8 ff.); die Grabschriften bei B (16764 ff.) und M (13838 ff.) berichten nichts davon. In demselben Epitaphium wird bei C auch angedeutet, dass He.'s Leichnam von Pri. ausgelöst und bestattet wird. (Vgl. auch Di 63, 26 ff.) Auch bei M findet sich eine ähnliche Stelle, die wohl dem Virgil entlehnt ist. Vgl. M 26772 ff. und Virg. Aen. II, 526 ff. (auch 19111 f.),

In demselben 3. Kampfe kann noch eine theilweise Uebereinstimmung gefunden werden in dem Zweikampfe des He. und Arkesilaos. Vgl. Il. XV, 329; Da 26, 1. B C M erwähnen nichts davon.

In der 4. Schlacht (D 26, 6; B 11071; C h 5 β; M p. 178) sind ausser dem schon erwähnten Kampfe He : Ach. noch zwei Vergleichspunkte vorhanden:

1) Ein Zweikampf zwischen Diomedes und Aeneas (vgl. Il. V, 297. B 11112 ff.; C h 5 β; M 12979 ff.) Da (26, 16) hat nur die Notiz: Achilles postera die cum Diomede exercitum educit. contra Hector et Aeneas.

2) Zweimaliges Zusammentreffen des Menelaus und Paris (vgl. Il. Buch III; B 11221 ff. und 11500 ff.; C h 5 γ und

h 5 *δ*). Auch im 18. Kampfe begegnen sich die beiden Ri=
valen bei B C noch einmal (B 20925; C l 2 *β*). Dagegen
lässt die kurze Darstellung des Da (26, 9 ff.) nur einen
Kampf vermuthen, ebenso die bei M. (11157 ff.) Auffallend
ist es, dass hier nirgends die in der Ilias so anschaulich
geschilderten näheren Umstände des Zweikampfes erwähnt
werden. Doch erscheint dasselbe Motiv in einem Vorschlage
He.'s, den Krieg durch einen Zweikampf mit Ach. zu ent=
scheiden.
  Im 5. Kampfe (Da 26, 18; B 11915; C h 6 *γ*; M p. 178 ff.)
bietet die Besiegung des Schedius durch He. einen Vergleichs=
punkt. (Il. XVII, 306 ff.; Da 26, 19; B 12001 ff.; C h 6 *γ*)
M erwähnt nur den Namen 13884 ff. — Da führt ausser
Schedius noch verschiedene Führer an, die in dieser Schlacht
von He. getötet werden. Da dieselben (mit Ausnahme des
Elephenor) hier in derselben Reihenfolge aufgezählt werden,
wie vorher im Katalog, so liegt die Vermuthung nahe, dass
Da und B bei der Schilderung der Kampfscenen nach diesem
gearbeitet haben. (Vgl. auch Greif § 34).
  Eine eigenthümliche Erscheinung im 5. Kampfe ist der
sajetaire des Königs Pistroplex bei B und C, welche bei Da
nicht zu finden ist. Joly bezeichnet wohl mit Recht diese
Figur als „une invention de Benoît, qui a probablement com=
biné avec ce qu'il savait des Centaures un passage où Dictys
raconte les exploits de Pandarus et le montre tué par Dio=
mède dans des conditions analogues" (Joly I, 209; vgl. auch
Joly I, 229; Di p. 44, 7 ff.; Greif § 42). Auch den Pan=
darus selbst nennt B (6645 ff.; C f 6 *β*). Er hat demnach
die Persönlichkeit des Pandarus gewissermassen in zwei zer=
legt, von denen er der einen den Namen, der andern die
Geschicklichkeit im Bogenschiessen verlieh. Aus B 6871 ff.
und 12207 ff. geht hervor, dass er den sajetaire als ein ganz
wunderbares Geschöpf betrachtet, welches nach seiner Be=
schreibung allerdings Aehnlichkeit mit einem Centauren hat.
C (i 1 *α*) schliesst sich ihm in dessen Schilderung genau an;
bei M indessen (11097 ff.) ist der sagitaire nur ein archier
im Dienste des Epistropus und zeigt nichts Wunderbares in
seinem Wesen, obgleich er „horrible a regarder" sein soll.
Wie schon bemerkt, erwähnt Da nichts von einem sagittarius,
nur den Epistrophus de Alizonia nennt er 23, 5
  Jäckel will p. 53 f. diese Episode, resp. ihr Fehlen bei
Da, als ein beweisendes Moment für einen ausführlicheren

Da Text ansehen, aus welchem B geschöpft haben soll. Doch sei dem gegenüber Folgendes bemerkt.

Einmal ist nicht recht einzusehen, warum man gerade eine Episode bei Da vermissen sollte, in welcher Epistrophus de Alizonia eine Rolle spielt. Verschiedene andere trojanische Bundesgenossen werden von Da auch nur im Katalog genannt, erscheinen aber nicht auf dem Kampfplatze, noch werden sie sonst erwähnt. Ferner ist es gar nicht unwahrscheinlich, dass B bei Aufführung des Pistroplex und seines Begleiters im Katalog schon an eine eventuelle Verwendung Beider und besonders des sajetaire in der Schilderung der Kampfscenen gedacht hat, da er ja oft dieselben nach dem Verzeichniss der Streiter zusammensetzt Schon 6883 f. hatte B auf eine Scene hingewiesen, in welcher der sajetaire eine Hauptrolle spielen sollte:

Mès ne dura pas longuement, Assez orreiz avant comment.

Die Berufung B's auf eine Quelle und zwar direct auf Da beweist gar nichts, da B denselben sehr häufig citirt, wo jede Benutzung von vorn herein ausgeschlossen ist; vgl. Greif p. 15, Anm. Ein Zusatz Seitens B's im Katalog war hier am ehesten möglich, da Epistrophus, resp. Pistroplex am Ende des Verzeichnisses stand, wo eher etwas hinzugefügt werden konnte als im Katalog selbst, wo B noch genau dem Da folgt.

Warum sollte ferner der angebliche Epitomator Da, falls wie Jäckel annimmt, in dem erweiterten Texte Epistrophus schon mit dem sagittarius zusammen aufgetreten wäre, den Letzteren nicht mit aufgezeichnet haben? Eine so auffallende Erscheinung hätte Da wohl nicht übersehen oder absichtlich fortgelassen, trotzdem eine namentliche Bezeichnung nicht angegeben war.

Endlich, wenn jenem Verfasser des ausführlicheren Textes bekannt gewesen wäre, dass Epistrophus mit einem Begleiter, dem Hodios, nach Troja kam, so hätte es ihm wohl näher gelegen den homerischen Namen anzuführen als die wunderliche Gestalt des sagittarius zu erfinden, von welcher er bei H keine Spur fand.

Es ist somit der sajetaire bei B auf eine Stufe zu stellen mit anderen wunderbaren, in seine Erzählung aufgenommenen Gestalten und Ereignissen, welche Da nicht kannte und die B's Vorliebe für die Wunder des Orients ihre Existenz verdanken.

Im selben 5. Kampfe ist noch der Tod des Asteropaeus durch He.'s Hand zu erwähnen, der aber nur von Da berichtet wird. (Vgl. Il. XXI, 163 und Da 26, 21).

Im 6. Kampfe (Da 27, 6; B 12561; C i 1 α; M —) wird nirgends ein Zusammentreffen zweier feindlicher Anführer erzählt, er bietet daher keinen Anhalt zur Vergleichung. Aus dieser Schlacht hat B zwei gemacht (vgl. 12650), während C erst die bei Da folgende Schlacht, in welcher wieder Zweikämpfe stattfinden, als bellum septimum bezeichnet.

In diesem 7. Kampfe (Da 28, 9; B 13939; C i 4 α; M p. 208) ist nur eine Uebereinstimmung zu finden und zwar in der Besiegung des Lycaon durch He. (vgl. Il. XXI, 34; Da 28, 11; B 14056; C i 4 α; M —) M kennt den Lycaon nicht.

Hierauf folgt wieder die Schilderung eines Massenkampfes (Da 28, 17; B 15117; C i 5 β; M—), welcher 12 Tage dauert. Er wird von B und C nicht besonders gezählt.

In der 8. Schlacht (Da 29, 16; B 15548; C i 6 α; M p. 208) ist ausser dem schon erwähnten Zweikampf des He. und Ach., welcher den Tod des Ersteren herbeiführt, noch eine theilweise Uebereinstimmung zu constatiren in dem Zusammentreffen des Idomeneus und He., welcher diesen bei Da (29, 21) tötet, während Il. XVII, 605 He. den Idom. angreift, aber nicht einmal verwundet, sondern statt seiner den Wagenlenker des Meriones niederstreckt. B C M erwähnen nichts von dieser Episode.

In der 9. Schlacht (Da 31, 16; B 17092, C k 2 γ; M p. 254) ist der Zweikampf des Sarpedon und Tlepolemos hervorzuheben. (Vgl. Da 31. 20; B 17154; C k 2 γ; M —) B hat allerdings Neptolemos, ebenso C, aber es kann natürlich nicht an den Sohn des Ach. gedacht werden, welcher erst viel später, nach dem Tode seines Vaters, auf dem Kampfplatze erscheint. Vielmehr ist diese Verstümmelung des Namens bei B wie die meisten anderen durch die Lesarten von Da Hs G (L) zu erklären. Schon die Angabe, dass er von der Insel Rhodos ist, weist auf Tlepolemos hin, den B im Catalog Leopolus nennt (5651). Da bietet an dieser Stelle die Lesarten G: neoptolemus und L: neopt lepolemus.

Hiermit kann die Untersuchung der eventuellen Concordanzen zwischen den Kampfscenen der Il. und den von unseren Autoren geschilderten als abgeschlossen betrachtet werden. Die ferneren Kämpfe, wie sie bei Da und den

Uebrigen beschrieben werden, gehen weit über die Il. hinaus und haben Personen wie Troilus, Palamedes und Penthasilea zum Mittelpunkte, welche bei H gar nicht vorkommen, oder nur eine untergeordnete Rolle spielen. Man bemerkt, dass sich nur ein kleiner Theil der homerischen Kämpfe bis zu M erhalten hat, immerhin aber die wichtigsten. Freilich sind die Schilderungen nichts weniger als homerisch, schon Da weicht in vielen Punkten von H ab. Ihm folgt B in der Anlage des Ganzen, dabei aber viele Einzelheiten hinzufügend und die trockenen Angaben seiner Quelle lebendig gestaltend. Eine ähnliche Stellung nimmt M dem C gegenüber ein. Auch er bemüht sich seiner Vorlage treu zu bleiben und dabei doch Manches aus seiner eigenen Werkstatt hinzuzusetzen. Es ist natürlich, dass er die geringste Anzahl von homerischen Kämpfen aufweist, da er die Masse von Kampfscenen, welche er bei C vorfand, nicht ganz in sein Mystère aufnehmen konnte. Ebenso selbstverständlich erscheint es, dass Da, weil H am nächsten stehend, am meisten Uebereinstimmung mit ihm zeigt, während B C eine Mittelstellung zwischen Beiden einnehmen.

§ 11. Nach dieser gewissermassen literarhistorischen Betrachtung der Kampfscenen möge nun eine kurze kultur⸗ historische derselben folgen mit Berücksichtigung analoger Scenen bei H. Es muss gleich im Voraus betont werden, dass sich bezüglich der kulturgeschichtlichen Seite der Schil⸗ derungen nicht allzuviel Anklänge an H finden können. Auch darf griechisches und römisches Alterthum nicht allzu⸗ streng dabei geschieden werden, denn die mittelalterlichen Schriftsteller schöpften ja ihre mangelhaften Kenntnisse von der Antike zumeist aus lateinischen, resp. römischen Quellen, so dass ein Durcheinanderwerfen und Verwechseln griechischer und römischer Sitten sehr nahe lag. In den allermeisten Fällen freilich wird die Auffassung antiker Gebräuche durch die mittelalterliche Anschauung entweder ganz verdunkelt oder doch wesentlich beeinträchtigt und entstellt. Zudem fin⸗ den sich eine ganze Reihe Züge, welche beiden Perioden, Alterthum und Mittelalter, gemeinsam angehören. In solchen Fällen wird man sich meist für das letztere entscheiden müssen. Es sollen im folgenden nur die Momente hervor⸗ gehoben werden, welche als Reminiscenzen an die Ilias be⸗ trachtet werden können.

I. Vorbereitung zum Kampfe.

§ 12. Bei Da ist sehr wenig von etwaigen Rüstungen oder sonstigen Vorbereitungen zu finden. Es erfolgt fast stets eine Ankündigung des bevorstehenden Treffens (z. B. tempus pugnae supervenit) und darauf folgen die Namen der hervorragenden Anführer mit einem „exercitum educunt" verbunden. Zuweilen wird dem „exercitum" auch ein „ornatum paratumque" hinzugesetzt, was ebenso wie ein „educit instruit hortatur" (Da 31, 17; 42, 14) auf eine regelrechte Aufstellung des Heeres und Ermuthigung durch den Feldherrn hinweist. B und C erweitern diese kurzen Notizen zu langen Aufzählungen der einzelnen Schlachtordnungen (batailles) und zwar ganz im mittelalterlichen Stile. So zählt B z. B. vor dem 2. Kampfe nicht weniger als 30 (C 26) einzelne Abtheilungen des griechischen Heeres auf, deren Führer er alle mit Namen anführt. Zugleich giebt er auch die Truppenzahl an, die Länder, aus welchen die Schaaren und ihre Befehlshaber stammen, er beschreibt ihre Waffen, Wappen und Pferde mit der den mittelalterlichen Autoren eigenen Detailmalerei. Bei Weitem nicht so ausführlich sind C und M. Der Letztere scheint einmal an die Eintheilung der römischen Heere gedacht zu haben vgl. M 8267 f.
   Et par legion les nombrer Puisque les coustumes sont telles.
Zuweilen geht dem Kampfe ein Gebet vorher, in welchem die Truppen vom Anführer dem Schutze der Götter empfohlen werden. (z. B. B 10980 ff., M 19727; B 7744, C g 3 δ, M 9649, 9749; 9929 u. ö; Il. II, 411 ff.) Eine hübsche Episode spielt sich vor der zweiten grossen Schlacht ab, in welcher der greise Pri. seinem Lieblingssohne He. den väterlichen Segen mit in den Kampf giebt. (Vgl. B 8024, C g 4 δ, M 7795) [M schildert mit Vorliebe Scenen, in denen sich Väter von ihren Söhnen verabschieden und ihnen gute Lehren mit auf den Weg geben. Manche dieser von M selbstständig in die Erzählung eingeflochtenen Episoden erinnern zuweilen an die Rathschläge und Lebensregeln, welche Polonius seinem Sohne Laertes in Shakespeare's Hamlet beim Abschied ertheilt. (Vgl. die Rede des Naulus an Palamides 8058 ff.; den Abschied des Pyrrhus von Lycomedes 20730 ff. und des Aiax von seinem Vater Telamon 5004 ff.) Ferner kann hier noch die berühmte Scene zwischen He und Andromache Erwähnung finden. (Vgl. Il. VI, 390 ff.) Dieselbe ist bei unseren Autoren überall combinirt mit der Erinnerung an die Stelle in Buch

XXII der Il., wo Pri. und Hecuba den Sohn beschwören, den Kampf mit dem furchtbaren Peliden zu meiden und in die Stadt zu fliehen. M scheint sich hier am meisten der homerischen Darstellung zu nähern. Zwar folgt er im Wesentlichen der Erzählung des C, aber er hat sich bemüht weniger roh als dieser und B (vgl. Joly I, 251 ff.) in der Wiedergabe dieser - bei H so anziehend geschilderten Episode zu verfahren. Wenn er trotzdem nicht entfernt an die Schönheit der Darstellung in der Ilias heranreicht, sondern noch recht mittelalterliche Anschauungen zeigt (z. B. in dem Umstande, dass Pri. ihn nicht bittet, sondern ihm streng gebietet vom Kampfe fern zu bleiben, und in dem ausführlich erzählten Traume der Andromache), so darf ihm das nicht zum Vorwurf gemacht werden. Jedenfalls steht er in der Schilderung dieser Scene in ästhetischer Hinsicht weit über B und C. (Vgl. Da 28, 23 ff; B 15187 ff.; C i 5 α ff.; M 12748 ff.)].

Oft richten die Führer (besonders bei M; vgl. Il. IV, 223 ff.) anfeuernde Ansprachen an ihre Truppen, sowohl vor dem Kampfe als im Treffen selbst. Häufig kehrt darin das Motiv wieder, dass man sich rächen müsse für die Beschimpfung, welche den Griechen durch den Raub der Helena widerfahren sei, oder — falls der Redner ein Troer — dass es gelte Vergeltung zu erlangen für die Zerstörung der Stadt des Laomedon und die Entführung der Hesione. Auch wird griechischerseits darauf hingewiesen, dass die Götter ihnen Sieg verheissen und den Untergang Trojas beschlossen haben.

Zuweilen mahnen auch die Anführer untereinander zur Tapferkeit und stehen sich gegenseitig bei. Eine an homerische Vorgänge anklingende Episode wird bei M erwähnt. In der zweiten Schlacht drängen die Troer unter Führung des He. und Troilus die Griechen zurück. Cediron ist durch Troilus getötet, Thoas von He. gefangen genommen, da wendet sich Ulysses mit der Bitte an Diomedes ihm beizustehen und den bedrohten Kampfgenossen durch einen gemeinsamen Angriff Hülfe zu bringen. (Vgl. M 10260 ff. und damit Il. XI, 313 ff.)

Ganz im Sinne seiner Zeit lässt M Herolde auftreten, welche den Heeren die Befehle des Pri. und Agamemnon übermitteln. Besonders geschieht dies vor dem Kampfe, um die Truppen gefechtsbereit zu machen. Auf griechischer Seite ist es Citheus (welcher sich auch einmal als Herold bezeichnet M 3489), auf trojanischer Machabrum, welcher als Herold und specieller Untergebener des Königs fungirt

Auch in der II. treten Herolde auf; freilich lassen sie sich nicht mit denen M's identificiren, doch sind ihre Functionen ziemlich analoge. — Interessant ist, dass B und C noch den Namen eines in der Ilias oft genannten Heroldes erwähnen, welchen B aus Di entnommen hat, den des Talthybios (vgl. B 24848 ff.; C m 3 β; Di 86, 13 ff.) Bei Di ist er noch Herold und wird als praeco dem Verräther Antenor von den Griechen mitgegeben, um den Pri. leichter zum Frieden zu bewegen, „quo res fidem acciperet", wie Di bemerkt. Bei B C erinnert nichts mehr an den praeco. Taltibius ist hier ein greiser und erfahrener Fürst, welcher allerdings demselben Zwecke wie bei Di dient und dem Pri. schon durch seine ehrwürdige Erscheinung Zutrauen einflössen musste. Da, welcher hier nicht mehr von B benutzt wird, und M kennen diesen Ueberrest der homerischen Heroldswürde nicht.

Ist das Heer nun in aller Form nach batailles und eschelles eingetheilt und für jede derselben ein oder mehrere Anführer bestimmt, so beginnt der Kampf.

II. Der Kampf.

§ 13. Da schildert meist nur in kurzen Worten die kriegerischen Ereignisse, indem er die Namen der Kämpfer, resp. des Siegers oder des Unterliegenden anführt. Sonst begnügt er sich damit, allgemeine Andeutungen über die Art und Weise des Kämpfens zu geben. (z. B. Proelium acre insurgit, fit magna caedes, fit proelium ingens; oder multa milia invicem Orco dimittuntur; multa milia hinc et inde cadunt) Oder er berichtet, wie die Heere sich im Massenkampf begegnen (uterque exercitus inter se pugnat; uterque exercitus inter se saeviunt).

B C M schildern die Kämpfe ganz den Anschauungen ihrer Zeit gemäss. Einzelkämpfe wechseln mit solchen ab, in welchen grössere Abtheilungen mit einander streiten. Besonders viele der ersteren sind bei M zu finden, was ja schon die Dramatisirung des Stoffes erforderte. Massenkämpfe werden zuweilen in den Bühnenanweisungen angedeutet, z. B. nach 8670, nach 8726 und 10311.

In der Darstellung der Kampfscenen kann ein homerischer Zug darin erblickt werden, dass oft dem Zusammentreffen zweier Gegner ein Austausch von Drohungen und Herausforderungen vorhergeht.

Bei Da findet sich kein Beispiel dafür, bei B und C
werden oft, bei M fast immer höhnende und provocirende
Worte zwischen den Kämpfern gewechselt. Es sei gestattet,
einige Belegstellen anzuführen.

Merion: He. (B 8333 ff); He. hat den Patr. getötet und
ist im Begriff ihm die Rüstung zu nehmen, als Merion her=
beieilt und ihm die herausfordernden Worte zuruft:

. . lens enragiez,   Jà de cestui ne mengereiz;
Altre viande porchaciez,   Ainz quit que chier le conparreiz etc.

Dieselben Ausdrücke finden sich bei C g 5 γ und M 10053,
nur ist es bei diesem Prothenor, welcher He. angreift. Auch
in der Ilias begegnet man ähnlichen gehässigen Aeusserungen;
vgl. XX, 449 und XXII, 345; vgl. ferner die sonderbaren
Vergleiche bei M 10135 f. (poulet) und 10145 (vache). —
Die Herausforderung des Merion findet später Erwiderung
durch He. (B. 996 ff; C h 3 α). —

Scedius: He. (B 12085, C —); He.: Felix (B 14014, C —);
He.: Ach. (B 14119, C i 4 β, M 11189 ff.); vgl. auch Il. XX,
424 ff.

Noch eine Scene mag hier Erwähnung finden, welche
eine Herausforderung Seitens He.'s enthält. Nach dem 7.
Kampfe stattet He. in Begleitung des Paris seinem Gegner
Ach. einen Besuch im griechischen Lager ab. Im Verlaufe
der Unterredung macht He. den Vorschlag eines entscheiden=
den Zweikampfes. Falls Ach. als Sieger aus demselben her=
vorgeht, soll Troja den Griechen zuerkannt werden, im andern
Falle sollen sie nach Griechenland zurückkehren (vgl. B
13153 ff.; C i 2 β ff.; M 11752 ff.). Dieser Herausforde=
rung He.'s kann die Stelle Il. VII, 67 ff. zur Seite gestellt
werden, wo He. sich erbietet mit einem der griechischen
Führer zu kämpfen, während die Bedingungen an die Scene
bei H III, 85 ff. erinnern, in welcher Helena und ihre
Schätze dem Sieger im Zweikampf zwischen Menelaus und
Paris zufallen sollen. Bei unseren Autoren bleibt die Heraus=
forderung He.'s erfolglos, da sich die griechischen Fürsten
gegen diese Entscheidung des Kriegs erklären. Auch in der
Ilias bleiben die beiden Kämpfe zwischen He. und Aiax,
Menelaus und Paris unentschieden.

C und M nähern sich der homerischen Darstellung mehr
als B darin, dass bei ihnen die Einhaltung der Bedingungen
durch einen Eid gesichert werden soll, während bei B nur
Geisseln gestellt werden.

Joly (I, 158) will auch die Rede He.'s, in welcher dieser
Ach. bittet, seine zwecklosen Drohungen zu unterlassen, (B
13130 ff.) mit den Worten des Aeneas (Il. XX, 199 ff.) ver‹
gleichen, die er dem Ach. auf seine Herausforderung entgegnet.
Doch ist der Gedanke, dass He sich nicht vor leeren Worten
fürchte und dass die That erst deren Wahrheit erweise, wohl
zu allgemein, als dass man darin eine homerische Reminiscenz
erblicken könnte.

Weitere Herausforderungen bei B, resp. C finden sich
in folgenden Zweikämpfen: Memnon: Ach. (B 21449; C I 3 γ);
Aiax: Paris (B 22729; C I 5 β); Panthasilee: Neptolemus
(B 23998; C —).

Wie schon bemerkt finden bei M diese Dialoge und pro=
vocirenden Wortgefechte fast vor jedem Zweikampfe statt.
Zuweilen wird dabei auf die Geliebte des Gegners angespielt.
z. B. Philimenis: Ulixes 8693 f.; Enee: Diomedes 13052 f.:
Troilus: Menelaus 13080 ff Hier blickt also die mittelalter=
liche Färbung allzu deutlich durch. Auch dem Mittelalter
ist dieser Brauch nicht unbekannt, und in den chansons de
geste findet man derartige Herausforderungen nicht selten.
Diese Uebereinstimmung der Sitten und Gebräuche der Hel‹
den in den chansons de geste mit denen, welche die home=
rische Poesie schildert, veranlasst, dass B bisweilen in seiner
Darstellung homerische Züge aufweist, trotzdem er getreu
die Sitten seiner Zeit copirt. (Vgl Joly I, 232 ff. nebst
Anm.; Egger I, 302; Mémoires de l'Académie des Inscriptions,
t. 29, p. 53; Monatsberichte der Berliner Academie der
Wissenschaften 1854 März.)

Auch die homerische Sitte, den besiegten Gegner zu
verhöhnen, ist B C M bekannt. Einige Beispiele dafür mögen
angeführt werden: (vgl. auch Da 34, 18 Palamides: Sarpe=
don) He.: Patroclus (B 8316 ff., C —, M 10045 ff.); Il. XVI,
830 ff. Polidamas: Celidis (B 8817, C —) Diomedes: Enee
(B 1119, C h 5 β, M 13036; der letztere lässt aber die
Kämpfer nur drohende Worte wechseln und den Diomedes
das letzte Wort behalten.) Palamides: Polidamas (B 11270,
C h 5 γ nur: . . . et turpibus verbis debilitatem eius impro=
peravit eidem). He.: Epistroz (B 12047, C h 6 γ) Troilus:
Diomedes (B 20072, C I 1 β; auch hier wird von Troilus
auf die Geliebte des Diomedes angespielt).

Bei M sind noch folgende Stellen bemerkenswerth:
Troilus: Cediron (10220 ff.); Ach.: Philimenis (11057 ff.);

Troilus: Menelaus (13088 ff.); Ach.: Bouettes (13265 ff.);
Palamides: Deiphebus (16104 ff.); Panthasilee: Diomedes
(22010 ff.) Hier ist der Schimpf für Diomedes um so grösser,
weil ein Weib den Helden besiegt, vgl. M 22012 ff.:

Tu te dois bien petit venter   Tu te vois a terre getter
Quant par le seul bras dune femme Il te tourne a grant diffame.

Nach der Herausforderung beginnt der Kampf. Dieser
ist von B C M natürlich ganz im mittelalterlichen Sinne geschildert. Eine ausführliche Untersuchung über die Art und
Weise, wie sich die Kampfscenen hier im Gegensatz zu den
homerischen gestalten, ist wohl als überflüssig zu betrachten.
Einige Andeutungen über die allgemeinen Unterschiede in
der Kampfweise werden genügen.

Schon Da erwähnt die copia equestris (5, 10), welche
bei B und den Uebrigen eine so grosse Rolle spielt. Die
antiken Kampfscenen sind hier vollständig in grosse Turniere
umgewandelt. Die Gegner stürmen auf einander los: „lances
bessiées, escuz pris" und suchen sich bei dem Zusammenprallen durch einen wohlgezielten Lanzenstoss zu verwunden
oder doch aus dem Sattel zu heben, um dann den Kampf
mit dem Schwerte fortzusetzen. Demgemäss sind auch die
Rüstungen und Waffen entsprechend mittelalterlich. B nähert
sich in der Schilderung derselben sehr den chansons de geste.
So sind z. B. bei ihm die hialmes pavieis die beliebtesten.
(z. B. 14320, 15480 [He.'s Helm], 20880, 23895 [Amazonen]).
Auch andere Länder werden als bekannte Bezugsquellen genannt (21263).

Oft bestehen die Waffen aus den kostbarsten Stoffen,
aus Ebenholz (15576, 18656), aus Gold (7840) und anderen
werthvollen Materialien.

Doch werden auch lances de sicamor (z. B. 9398, 11907),
de sapin (13982, 18460, 22585), lances fresnines (8809, 21320,
21470; vgl. auch Il. V, 655, XX, 277, XXII, 293), de pomier
(7852) d'acier bruni (18659, 7881, 18879) erwähnt.

Während die von B beschriebenen Waffen, Rüstungen
und Kriegsgeräthschaften noch an die chansons de geste
erinnern, nennt M meist solche, welche dem 15. Jahrhundert
angehören. Ich verweise auf die Stelle 3898 ff., wo Nestor
die hauptsächlichsten Waffen anführt. Interessant ist es,
dass er dabei (3902) bemerkt:
Je luy merray foison d artillerie.
Sollte M hier an Feuerwaffen gedacht haben? Ich möchte

artillerie eher als Collectivbezeichnung für Waffen überhaupt aufzufassen, wie es ja auch sonst im Sinne von „Rüstkammer" oder „Waffenwagen" gebraucht wird (vgl. Schultz II, 186).

Die einzige Waffengattung, welche man allenfalls als antik bezeichnen könnte sind Bogen und Pfeile, welche bei B oft neben der Armbrust genannt werden, allerdings auch dem Mittelalter nicht unbekannt waren (vgl. Schultz II, 171). B verleiht diese Bewaffnung besonders einzelnen Völkerschaften, so den Päoniern (vgl. B 6737, 9011 ff., C h 1 γ; vgl. auch die Παίονες 'αγκυλότοξοι Il. II, 848 und X 428), dem rei Sersès und seinen Leuten (vgl. B 6831 ff., 17201 ff., C g 4 β, h 1 γ), ebenso den Aethiopiern (B 6845 ff.) Die Perser zeichnen sich noch dadurch aus, dass sie zwei Schwerter führen (B 13890; vgl. Sternberg in A. u. A. XLVIII, Abschn. 46).

Auch in der Ilias erscheinen einzelne Völker, die grosse Geschicklichkeit in der Führung des Bogens besitzen, z. B. die Locrer (Il. XIII, 712 ff.). — Wie bei H einige besonders berühmte Bogenschützen auftreten, (Pandarus [Il. IV, 88; 105 ff.; V, 98; 296;] Teucros [VIII, 273, 322 ff.; XII, 350; XV, 440]; auch Meriones [XIII, 650; XXIII, 859 ff.] und Helenus [XIII, 583] wissen mit dieser Waffe geschickt umzugehen), so werden auch bei B C M solche genannt. Dem Pandarus entspricht der „sajetaire" (vgl. B 12226 ff.; C i 1 α; M 11220).

Auch in der Bewaffnung des Paris hat sich wohl eine homerische Reminiscenz erhalten. In der Ilias kämpft er meist mit Pfeil und Bogen (vgl. Il. XI, 369; 506; 581; XIII, 662). Bei H werden die Bogenschützen nicht besonders geachtet, denn XI, 385 wird τοξότης geradezu als Schimpfwort gebraucht. Damit hängt auch zusammen, dass Paris in der Ilias als etwas weichlich hingestellt wird (vgl. Il. III, 39 ff., wo er von He. nur ein εἶδος ἄριστος genannt wird, ferner III, 428 ff.; VI, 521 ff.) Bei unseren Autoren dagegen ist Paris ein gewaltiger Held, einer der Tapfersten nach He. Auch hier besteht seine Bewaffnung aus Pfeil und Bogen (vgl. Da 26, 10; 34, 19; 42, 18). B 9479 ist er der Anführer der Perser, welche als Bogenkämpfer berühmt sind, er selbst zeigt sich als tüchtiger Schütze (vgl. B 9500, 11449 ff., 11471 ff., 14308 ff., 18726 [vgl. Il. VI. 105 ff.], 18814, 22675, 22711; C d 1 α, h 2 γ, h 5 δ, k 2 δ, k 5 β, l 5 α; M 16199 f., Bühnenanweisung nach 16240 und 18786.] M erwähnt gelegentlich des verrätherischen Ueberfalls des

Ach. durch Paris und seine Begleiter im Tempel (vgl. das Bild p. 292) einen interessanten Zug, welcher auf seine Kenntniss der antiken Sagen und Traditionen ein günstiges Licht wirft. Er weiss nämlich, dass Ach. unverletzbar ist und nur durch einen Pfeilschuss an der Ferse verwundet resp. getötet werden kann (vgl. M. 18090 ff.). B erwähnt noch Ludel als einen „merveillos archier" (9193) und den Humers als guten Schützen. (B 8201; C h 2 γ).

Eine sonderbare Bewaffnung haben bei B und C die Paphlagonier, deren Schilde an die aus Häuten verfertigten in der Ilias erinnern könnten, (vgl. B 6815 ff; C f 6 γ.) doch wird durch die folgende (6819 ff.) Schilderung der Vergleich sehr illusorisch gemacht.

Während in der Ilias reitende Truppen nirgends auftreten, spielen die Streitwagen eine grosse Rolle in den homerischen Kampfscenen. Es findet sich nun bei B C ein Wagen des Königs Fion erwähnt (vgl. B. 7857 ff., 7879 ff., 9153 ff., 9173 ff., 9184 ff.; C g 4 β, h 1 δ), welcher auf den ersten Blick zu der Vermuthung führen könnte, dass sich B hier an die Ilias erinnert, und Joly behauptet auch (I, 239): „Ce char est le seul qui reste de tous ceux qui figuraient dans l'Iliade". Dagegen erklärt Schultz (II, 196) ihn für einen Fahnenwagen, wie er in den mittelalterlichen Schlachten oft erscheint. „Die Fahne musste allen leicht sichtbar sein und so wurde sie an einer starken und hohen Stange befestigt, die man nur auf einem Wagen transportiren konnte. So entstand der Fahnenwagen, der gewöhnlich von Ochsen (bei B von Dromedaren) gezogen wurde, weil diese im Kampfgetümmel ruhiger blieben als Pferde." Ich möchte mich der Ansicht von Schultz anschliessen und den „curre" des König Fion eher für einen Fahnen- oder auch Rüstwagen halten als für einen Ueberrest des homerischen $\alpha\rho\mu\alpha$. Selbst wenn er die Idee von demselben dem Di entlehnt hätte, bei welchem noch „cursus bellici" figuriren (Da kennt sie nicht mehr), so wird er dabei doch das ihm bekannte mittelalterliche Kriegsfuhrwerk im Auge gehabt haben. Auf seine Bestimmung als Fahnen- resp. Rüstwagen deuten auch seine Kostbarkeit und die heftigen Angriffe hin, welche auf ihn gemacht werden, sowie die Bemühungen des Esdras und Pictagoras, ihn zu vertheidigen. Allerdings ist auffällig, dass sich B nicht weiter über den Zweck des Gefährtes ausspricht. Ob B bei der Schilderung desselben die Beschreibung des Wagens des

Phoebus bei Ovid vorschwebte, wie Joly (I, 215) anzunehmen geneigt ist, mag dahingestellt bleiben. Die Phantasie des Dichters war erfinderisch genug um ein derartiges Gemälde auch ohne Vorlage zu entwerfen. Ueber diesen Wagen vergleiche man noch Joly I, 239 Anm. und I, 363.

Bevor ich zu einem anderen Punkte übergehe, will ich noch ganz kurz auf die echt mittelalterliche Schilderung der Wappen hindeuten, wie sie sich vereinzelt bei B und C, besonders aber bei M findet. Hier hat jeder Anführer sein besonderes Banner, welches mit seinem Wappen geschmückt ist und ihm im Kampfe vorangetragen wird (vgl. das Bild p. 131). Es mögen die hauptsächlichsten derselben kurz angeführt werden. Griechischerseits führt Ach. in seinem Wappen: un lion rampant (4518), sein Sohn Pirrus: ung liepart nebst anderen Abzeichen (21100 ff.), Patroclus: trois papegaultz (4524), Diomedes: deux lis (4552) und deux ymages dorphaverie Cest appollo et saturnus (4560 f,) [Diese Göttergestalten auf der Fahne des Diomedes könnten vielleicht als ein beweisendes Moment angesehen werden für das Bestreben M's, seinen Zuschauern antike Scenen vorzuführen], Prothesilaus: deux ours vellus (4645), Ulixes: deux porcs espys (4658), Aiax: ung lieppart (4840), Nestor: ung dragon (4882), Thelamon: ung griffon (5092), Prothenor: ung elephant (5124), Cediron: ung daulphin de mer (5134), Menestheus: ung serpent (5952), Palamides: une damoiselle etc. 8165 ff. Abzeichen der Führer der trojanischen Bundesgenossen: Philimenis: une rose fleurissant (7795), Glancon: trois lezardes merveilleuses (7811), Serpedon: ung papegault Qui se combat a ung crapault (7815), Huppon hat: ung pennonceau destandart fait comme ung preau (7829), Pillon: ung merveilleux lion rempant (7846), Merion: deux biches (7854), Epistropus: ung heron (7858), Theseus: ung liepart (7862), Bouetes: ung regard de couleur perdue (7867), Ampheneas: une grue (7868).

Es sei auch noch bemerkt, dass M die Oriflamme in der zweiten Schlacht entfalten lässt (vgl. M 9581 ff.)

> Faictes les trompettes sonner
> Tabours macaires et clairons
> Ces oriflembes desployer.

Eine homerische Sitte wird von unsern Autoren erwähnt: die Erbeutung der Rüstung des besiegten Gegners. Im Mittelalter galt die Plünderung der Leichen für einen Ritter nicht für anständig, nur die gemeine Soldateska gab sich damit ab (Schultz I, 150 und Anm. 2; II, 156). Wenn B also Aehnliches von He. berichtet, so liegt dem jedenfalls eine homerische Reminiscenz, allerdings durch Da vermittelt, zu Grunde. Die wenigen Beispiele, in denen sich dieser Brauch findet, sind folgende: He.: Patroclus (Da 24, 19; B 8328 f., C g 5 γ; M 10049 ff.); vgl. auch Il. XVII, 91 ff. He.: Meriones Da 24, 22; B 10007 ff.; C h 3 α; M —) He.: Polypoetes (Da 30, 5; B He.: Politenes 16126 ff.)

Ausser diesen wenigen, an die Antike erinnernden Zügen, die B eben Da entlehnt hat, finden sich bei ihm eine grosse Anzahl Episoden, in denen sich mittelalterlicher Geist abspiegelt, in denen es sich um die Wegnahme des Pferdes des besiegten Gegners handelt. Schon in den chansons de geste ist die Erbeutung eines ausgezeichneten Pferdes eine Heldenthat (vgl. Joly I, 243). Da und M kennen diesen Gebrauch nicht, bei B, theilweise auch bei C, kommt er häufig in Anwendung. Einige Belegstellen mögen dies beweisen. He.: Boetes (B 10809; C h 4 δ); Ulixes: Adrastus (B 11239; C h 5 γ); Filimenis: Menesteus (B 11331); C [Polimenis] h 5 γ; Misceres: reis de Carthage (B 11340); Ach.: Hupoz (B 11935); Ach.: He. (B 12375; C i 1 β); Polidamas: Diomedes (B 14367; C i 4 δ). In diesem Kampfe, bemerkt B 14355 f.:
> Polidamas molt i josta   Chevax assez i gaaigna

vgl. auch die Stelle in der Unterredung des Diomedes und der Briseida (B 15061; C i 4 γ); Deiphebus: Resa (B 18531); Troilus: Menesteus (B 20461); Menesteus: Antenor (B 20941); Troilus: Ach. (B 21162); Panthasilee: Menelaus (B 23551; C l 6 α). Die zweite Schlacht weist so erbitterte Kämpfe auf, dass man nicht einmal daran denken kann, die Pferde der erlegten Gegner für sich in Sicherheit zu bringen (vgl. B 8727 ff.). — [B ist auch darin, um dies hier zu bemerken, ganz mittelalterlich, dass er häufig genau die Herkunft der Pferde angiebt, ähnlich wie es in den chansons de geste geschieht. Die berühmtesten Helden haben meist Thiere spanischer Abstammung, so He. (7477), Troilus (7726), Menesteus (11307), Pirrus (23798), Panthasilee (23363) u. Andere. Auch Castele (13966 u. ö.) und Arragon (7797) werden genannt. Pictagoras besitzt ein „cheval arabi" (7892) und Ach. eins aus Nubie (10605). Von einem andern Rosse des Ach. wird (11899 ff.) eine ausführliche Schilderung gegeben und bemerkt:
> Del reialme de Leutiz Li fu amenez à present.   (vgl. Bol.)

Palamides dagegen ist im Besitz eines Thieres von deutscher Abkunft (7437). Berühmten Pferden werden besondere Namen beigelegt. So heisst dasjenige des Diomedes Passelande (14395; vgl. Aiols Pferd Passavant), das He.'s Galatée
Que li tramist Morgan la fée Qui molt l'ama et le tint chier
(B 7989 ff.)]

Wenn sich schon bei C wenig Fälle finden, in denen der Sieger im Zweikampf sich das Pferd des Unterliegenden aneignet, so berichtet M gar nichts davon. Nur zweimal erwähnt er einen Waffenraub, zuerst in Uebereinstimmung mit C, als Panthasilee dem besiegten Diomedes den Schild entreisst (M 22034 Bühnenanweisung; hier tritt Aiax thelamonius an Stelle des Diomedes bei C; C I 6 α). Dann weicht M in soweit von C, resp. B ab, als er den Diomedes nicht das Pferd des von ihm niedergestreckten Troilus der Briseida übersenden lässt, sondern das dem Gegner abgenommene Schwert (vgl. B 14241 ff.; C i 4 γ; M Bühnenanweisung nach 13118 und 13119 ff.); vgl. auch Joly I, 438; Bangert: Die Thiere im altfranzösischen Epos. Marburg 1885 (Ausg. und Abh. 34.) Kitze: Das Pferd in den Artusromanen. Diss. Marburg 1886 (noch nicht gedruckt).

Im Uebrigen ist wenig mehr über die Kampfscenen zu bemerken. Die Schilderung derselben ist bei B überall auf das Gemüth und die Anschauung eines ritterlichen Lesers oder Zuhörers aus dem 12. Jahrhundert berechnet. Nur zuweilen schimmert eine oder die andere Stelle aus dem mittelalterlichen Colorit hervor und erinnert daran, dass der behandelte Stoff der Antike angehört. Treu der gegebenen Ueberlieferung B's folgend sucht C seine Gelehrtheit und Belesenheit zu zeigen, indem er ab und zu einige geschichtliche Notizen einschaltet oder sich kleine Abweichungen von B's Erzählung erlaubt. (vgl. Dunger p. 62 f.) Auch bei M finden sich in der Schilderung der Kampfscenen nur selten Spuren einer antiken Reminiscenz, z. B. die Tradition von der Achillesferse. Im Uebrigen beschreibt er Gefechte des 15. Jahrhunderts. Interessant für die Darstellung derselben sind mehrere der in den Text gezeichneten Bilder.

[Von diesen 33 Bildern schildert das erste (p. 1), wie M von der „Devocion" eine Hacke (pic de pastoracion) erhält und damit das Wappen der Troer an den Wurzeln des Stammbaums des französischen Königshauses auffindet. — Auf verschiedenen Bildern erblickt man die Rathsversammlung, den conseil der Troer, welchen Pri. mit Hermelin, Scepter und Krone geschmückt und auf dem Throne unter einem Baldachin sitzend leitet. Dieselbe Zeichnung findet sich p. 6, 25, 101 und 146. Die Trachten sind mittelalterlich und bestehen fast durchweg aus langen, wallenden Gewändern und zum Theil ziemlich phantastischen Kopfbedeckungen. Die der zweiten Figur zur Rechten des Pri. (vom Zuschauer aus) scheint auf eine Mönchskapuze zu deuten; vielleicht hat der Zeichner des Bildes den Wahrsager Helenus im Auge gehabt. Ein Bild p. 106 stellt ebenfalls den Rath des Pri. dar, aber in anderer Gruppirung. Im Vordergrunde kniet Cassandra vor dem Könige und beschwört ihn, Helena den Griechen zurückzugeben. Die neben ihm stehende weibliche Figur ist augenscheinlich Hecuba, obschon sie im Texte nicht erwähnt wird. Eine andere Reihe gleicher Bilder hat den Rath der Griechen zum Gegenstande; hier führt Agamemnon, ebenfalls im königlichen Schmucke (auch Menelaus trägt die Zeichen der Königswürde), den Vorsitz. p. 96 = p. 110 = p. 143 = p. 223.

Ausserdem führt das Bild p. 88 die Zusammenkunft der griechischen Führer in Athen vor, unter denen besonders Agamemnon und Menelaus durch ihre königlichen Insignien auffallen. Auch hier sind einige Kopfbedeckungen eigenthümlicher Art zu bemerken, besonders die turbanähnliche der letzten Figur auf der linken Seite. Ein anderes Bild zeigt den conseil der Griechen unter dem Vorsitz des Palamides. p. 246. Eigenthümlich berührt der grosse Hund, welcher zu dessen Füssen liegt.

Die wichtigsten Ereignisse im Verlaufe der Erzählung werden von erklärenden Bildern begleitet. Auch das Urtheil des Paris, obwohl von diesem nur erzählt und dem Gange der Ereignisse ferner stehend, wird p. 28 im Bilde vorgeführt. Es ist interessant, da es zeigt, wie man sich im 15. Jahrhundert eine griechische Gottheit vorstellte. Die weiteren Illustrationen der 1. Journee schildern: das Zusammentreffen von Paris und Helena im Tempel der Venus (p. 40); die Entführung der Helena und den Kampf im Tempel (p. 46); [hier und auch in den Schlachtenbildern erscheinen deutlich die Waffen des 15. Jahrhunderts, z. B. Hellebarten und andere Stoss- und Hiebwaffen mit sichelförmiger Schneide]; die Ankunft der Helena in Troja (p. 52); die Befragung des

Orakels durch Ach. und Patroclus im Apollotempel zu Delon (Delphi) (p. 116).

II. Journee: Abreise des Palamides nach Troja (p. 181); [ein recht hübsches Bild; im Hintergrunde links die Schiffe, welche Palamides der Heimath entführen sollen, am Strande zwei Hornbläser, welche die Truppen zusammenrufen, im Vordergrunde rechts Palamides selbst mit seinem Vater Naulus an der Spitze seiner Truppen, vor ihm der Bannerträger, beide auf reichgeschmückten Rossen.]; Tod des Patroclus. (p. 161) [echt mittelalterliche Kampfscene; die Ritter sprengen mit geschlossenem Visir und eingelegter Lanze auf einander ein; im Vordergrunde kämpft das Fussvolk.]; Zweikampf des Menelaus und Paris (p. 181) [Beide sind zu Fuss; wahrscheinlich soll die links befindliche Figur Menelaus vorstellen, denn sie trägt eine Krone.]; Zusammenkunft des He. und Paris mit Ach. in dessen Zelte (p. 189); Tod des He. (p. 214) [Ach. stösst seinem mit Aiax thelamonius kämpfenden Gegner die Lanze in die Seite. Bemerkenswerth erscheint, dass die Decke von He.'s Pferd mit Lilien verziert ist, vielleicht eine Anspielung auf das französische heraldische Emblem.]; Klage der Andromache an der Leiche He.'s (p. 218); [Neben ihr treten besonders Pri. und Hecuba hervor].

III. Journee. Feier des Todestages He.'s (p. 230); Paris tötet Palamides (p. 259); Ach. schleift den Leichnam des Troilus (p. 275); Tod des Ach. und Archilogus im Tempel der Venus (p. 292); Aiax und Paris fallen im Zweikampfe (p. 313); Pri., Helena und Andere trauern an der Leiche des Paris (p. 329).

IV. Journee. Panthasilee trifft bei Pri. ein; im Hintergrunde das Heer der Amazonen, sämmtlich zu Pferde (p. 340); Pirrus tötet Panthasilee (p. 350); Kampf um die Mauern von Troja; die Griechen steigen aus dem Innern des hölzernen Pferdes heraus; Pri. schaut aus einem Fenster in der Mauer auf die unter ihm Kämpfenden (p. 416); Pirrus opfert Polixene auf dem Grabmal Ach.'s; dieses ist ganz in mittelalterlicher Weise mit dem Bilde Ach.'s verziert und trägt die Inschrift: † Ici † Gist † Achiles †. (p. 426).]

Während in der Ilias gar keine Gefangene gemacht und die um Gnade bittenden immer erbarmungslos niedergemacht werden (vgl. Il. VI, 37 ff., XI, 130 ff., XX, 462 ff., XXI, 26; 99 ff.), wird dergleichen von B und C öfter erwähnt. So berichten B C und M übereinstimmend von der Gefangennahme und dem späteren Austausch des Thoas und Antenor (vgl. B. 11426 f.; C h 5 δ; M 10252 ff. B 12403 ff.; C i 1 β f.; M 11249 ff. B. 12945 ff.; C i 1 δ; M 12290 ff.). In der 16. Schlacht erbeutet Troilus 100 vornehme Gefangene (B 20585; C I 2 α). Im 10. Treffen wird, wie B erzählt, so erbittert gekämpft, dass man keinen Pardon giebt. (B 18571 ff.) Aber auch bei M wird zuweilen der Befehl ausgetheilt, keine Schonung zu üben, sondern alles über die Klinge springen zu lassen. (vgl. M 26742 ff., aber auch B 25953 ff., C m 6 β.)

Auffallend ist, dass die berühmte Episode der Ilias, die Δολωνεία (Buch X), in welcher ja die Gefangennahme eines feindlichen Kundschafters durch Diomedes und Odysseus eine Rolle spielt, fast gar keine Spuren in den Erzählungen unserer Autoren zurückgelassen hat. Bei Da begegnet Dolon dem Ulixes und Diomedes, welche zur Nachtzeit von Agamemnon nach Troja gesandt sind, um Waffenstillstand zu erbitten, und befragt sie über den Zweck und das Ziel ihrer nächtlichen Wanderung, worauf sie ihm ihre Mission mittheilen. Vgl. Da 27, 17 ff. Einen eigenthümlichen Widerspruch zeigen die beiden Worte „legati" und „armati", welche noch auf eine dunkle Erinnerung an die in der Ilias geschilderte Fassung der Episode hindeuten. B und C reproduciren die Worte des Da und fügen noch hinzu, dass Dolon die Gesandten nach der Stadt durch die troischen Wachen geleitet, um sie vor einem Angriffe derselben zu schützen (B 12719 ff., 12880 ff; C i 1 γ). Damit wird die homerische Schilderung total verändert und gewissermassen auf den Kopf gestellt. Am meisten nähert sich Di dem H (42, 11 ff.), doch fehlt auch bei ihm die Erbeutung der Rosse des Rhesos und die Ermordung desselben und seiner Gefährten. M kennt nicht einmal Dolon's Namen. Doch fungiren Diomedes und Ulixes öfter als Gesandte, z. B. 11335 ff. und 14131 ff.

An homerische Sitten dürfte vielleicht noch der Umstand erinnern, dass kriegsgefangene Weiber an hervorragende Anführer als Belohnung für ihre Tapferkeit ausgetheilt werden. So erbittet sich z. B. nach Eroberung der Stadt Agamemnon die Cassandra (vgl. B 26195; C m 6 δ; M 27245 ff.); dagegen vgl. Da 50, 16 wo Cassandra von Agamemnon die Freiheit erhält. B führt noch verschiedene Beispiele von Frauenraub an, die er aus Di. entlehnt (vgl. B 26205 ff., 26725 ff.,

26759 ff.). Doch ist man im Uebrigen galant und „corteis" gegen die Damen. (vgl. B 26107 ff., 26433 ff.; C n 1 β; M 26879 ff., 27323 ff; vgl. auch die Gefangennahme der Helena und ihrer Begleiterinnen durch Paris M 2594 ff., 2741 ff.)

Es finden sich bei B und C noch einige Scenen, welche man, obgleich sie streng genommen kein antikes Gepräge tragen, doch mit ähnlichen aus H zusammenstellen kann. In der Ilias begegnet man zuweilen Episoden, in welchen geschildert wird, wie Helena und andere Frauen, sowie die Greise von der Mauer aus dem Kampfe zuschauen. (Il. III. 130 ff., XXI, 524 ff.) Auch bei B und C findet man die Damen auf den Wällen und Thürmen der Stadt, welche aufmerksam und in banger Sorge um ihre Lieben den Verlauf der Schlacht verfolgen. Es braucht dies keine antike Reminiscenz zu sein, es auch in den chansons de geste und in den Abenteuerromanen die Damen dem Kampfe der Ritter zuschauen (vgl. Joly I, 246; Schultz II, 117). Auch finden sich bei Da nirgends analoge Stellen, aus denen B Anregung erhalten haben könnte. Jäckel (p. 47) behauptet allerdings, auch für Da, resp. dessen erweiterten Text solche Scenen beanspruchen zu können. Doch kann ich an der betreffenden Stelle (Da 30, 7: fit pugna maior, clamor ab oppido et a toto exercitu surgit.) keine Spur davon erblicken. „Ab oppido" steht jedenfalls für „a troianis" oder „a parte troianorum", während unter „exercitus" das Heer der Griechen zu verstehen ist. Hätte Da in dem angeblich von ihm excerpirten Texte eine der homerischen analoge Darstellung gefunden, so hätte er gewiss in seinem Auszuge einige Andeutungen von der Anwesenheit von Troerinnen auf den Mauern gemacht oder er hätte wenigstens „muris" für „oppido" gesetzt. Auch B erwähnt an der betreffenden Stelle nichts von Zuschauerinnen, sondern versteht unter dem Ausdrucke „oppido" die Trojaner, welche in der Stadt ein= und ausziehen, zuerst auf der Flucht (B 15993 ff.), dann nach He.'s Erscheinen zum abermaligen Angriff. (B 16023 ff.) Daher übersetzt B die Stelle bei Da mit den Worten (16100 f.):

Par la cité cornent et crient Et as tentes font ensement.

Beispiele für diese Scenen bei B und C sind: B 8047 ff., C g 4 δ; B 10527 ff. [hier lässt sich Il. III, 191 ff. vergleichen; doch blickt die mittelalterliche Anschauung sehr deutlich durch. Man bewundert das schmucke Aussehen der chevaliers:

Vez com li siet l'hialmes d'acier.

Man ist ängstlich besorgt um den Ausgang der Schlacht und betet für die Kämpfer (B 16548 f.)] B 13926 ff.; B 14083 ff., C i 4 α; B 14374 ff.; 17108 ff., 19338 ff. C scheint einmal eine Andeutung zu geben, dass sich die Greise auf der Mauer befinden und den Kampf beobachten. Am Ende des ersten Kampfes als die Troer geschlagen und von Ach. verfolgt in die Stadt fliehen, entsteht vor und in den Thoren ein furchtbares Gemetzel. An dieser Stelle bemerkt C g 3 β: „illic troiani ab insequentibus intercepti qui in eam (portam) intrare non poterant morientes cadunt in limine et ante ora patrum filii trucidati vitam exalant". Es wird also vorausgesetzt, dass die Väter dem Kampfe zuschauen und dies konnte nur von einer gesicherten und erhöhten Stellung, der Mauer aus geschehen.

M erwähnt nirgends eine dieser Scenen, was wohl seinen Grund in deren seltenem Vorkommen bei C haben mag, doch vgl. das Bild p. 416.

Einige andere auffallende Züge gehören sowohl dem Mittelalter als dem Alterthum an und können also kein Material zur Vergleichung liefern. Dahin kann z. B. gerechnet werden das laute Wehklagen beim Tode eines hervorragenden Anführers (vgl. B 18801 ff.; M Bühnenanw. nach 10219 und nach 13319), ferner der ungestüme Drang nach Rache und Vergeltung, welcher den Helden unserer Autoren, besonders aber denen M's in hohem Grade eigen ist. Hier nur einige Belegstellen: B 17007 ff., C k 2 ɣ, M 15623 ff.; B 18680 ff., C k 5 α, M 16178 ff., B 16160 f., C i 6 γ; M 17249 f. und ö. (8723, 10198, 10208, 11041, 11150, 13176, 13303 etc.; Il. XIII, 384, 403, 414, 446, 463, XVIII, 90; XIX, 213 f. u. ö.). — Die Unverletzlichkeit der Gesandten endlich, die sich besonders in einer Episode bewährt, in welcher Ulixes und Diomedes von Pri. die Herausgabe der Helena fordern (B 6371 ff., C 1 3 δ ff., M 8438 ff.), entspricht wohl homerischen, resp. antiken Sitten, ist aber völkerrechtlich auch im Mittelalter so allgemein anerkannt, dass sie nicht als beweisendes Moment für die Vergleichung B's und der Uebrigen mit H herangezogen werden kann. Wie genau zuweilen C und M ihre Vorlagen kopiren, zeigt z. B. der Umstand, dass alle drei Autoren dem Antenor, welcher mit den Griechen unterhandeln will, Olivenzweige als Parlamentärabzeichen in die Hand geben (B 24723 ff., C m 3 a, M 23745 ff.) Schon in den chansons de geste wird dieses Parlamentärabzeichen erwähnt; vgl. Schultz II, 320 und Zeitschr. für rom. Phil. VIII, 508 Anm.

§ 14. Obgleich nicht eigentlich zu den Kampfscenen als solchen gehörend, nehmen die homerischen Vergleiche doch eine hervorragende Stellung in der Schilderung der Kämpfe ein. Eine ganze Anzahl solcher rhetorischen Verzierungen finden sich auch bei B wieder, wenn auch nicht in derselben Ausführlichkeit. Unzweifelhaft entlehnte er dieselben aber der Poesie der chansons de geste, deren geistige Verwandtschaft mit der homerischen sich hierin deutlich zeigt; vgl. Joly I, 158 und 232.

C reproducirt nur einige Vergleiche B's, auch für M lassen sich nur sehr wenige Stellen nachweisen, in denen man eine Spur von homerischer Poesie erblicken könnte. Die meisten der Vergleiche von M sind mehr Allegorien. Ich begnüge mich damit, die hauptsächlichsten Stellen aus B C M zu citiren.

Besonders gern werden berühmte Helden mit Raubthieren als Sinnbildern der Kraft und des kühnen Muthes verglichen. So oft mit einem Löwen oder Leoparden: B 7227, 8540, 8946, 11091, 15486; C f 5 a, g 2 β; M 10646 (vgl. auch 23601 ff., 12796 ff.; ebenso B 8337 ff. |Tiger und Bär| und F. Bangert: Die Thiere im altfranzösischen Epos. § 425 ff., 442); — Wolf: B 21077, 21090 ff.; C f 2 δ; B 9105 ff., C g 5 γ; B 9105 ff., C g 5 γ. Mehr Schimpfwort als Vergleich ist die Bezeichnung des Ach. durch Merion: B 8333 ff.; C g 5 γ; M 10053 ff.; (15556 f.). Il. XI, 72; XVI, 156, 353; Virg. Aen. IV, 355 (vgl. Bangert § 363.) — Eber: B 11091; Il. VII, 257; XI, 324; XII, 42, 146 u. ö. B 12081; Il. XI, 414; XVII, 725 (vgl. Bangert § 307 ff.) — Falke als Symbol der Schnelligkeit: B 8297, 23815; Il. XIII, 819. (M 20093; 8544, 12412). — Auch der Pfeil wird in dieser Weise als Sinnbild aufgestellt: B 8295, 13953 u. ö. — Ebenso der Hirsch B 7540 f.; Il. X, 359 ff (vgl Bangert § 494 ff.; 285 ff.)

Die Kämpfer werden auch zuweilen mit einem Schnitter verglichen: B 20953 f.; Il. XI, 67 ff. — Um die Menge der Geschosse zu bezeichnen, welche im Kampfgetümmel die Luft durchschwirren, gebraucht B auch einen homerischen Vergleich: B 7117 ff., 19136 f,; Il. XII, 156 ff., 278 ff., XIX. 357 ff. Denselben Gedanken drückt auch ein anderes Bild bei B aus: 18876 ff.

Es wurden oben schon die wenigen Stellen bei M erwähnt, welche man mit solchen aus H vergleichen könnte. Zu diesen ist vielleicht noch der Traum des Paris von dem Kampfe der Schlangen und ihres Anführers „nomme quoquadrille" gegen den Geier und Sperber zu zählen. M 15943 ff. lässt sich zusammenstellen mit Il. II, 308 ff. Auch M 6337 ff. wird ein ähnlicher Traum He.'s erzählt; vgl. Bangert, unter Traumallegorien, p. 242.
Die übrigen bei M vorkommenden Vergleiche sind eher als Gleichnisse zu bezeichnen. Doch mögen auch diese hier nicht unerwähnt bleiben. Einmal werden die Trojaner, als sie zeitweilig ohne Anführer sind (9030 ff.), dann auch die Griechen in derselben Lage mit einer Heerde ohne Hirten verglichen (16535 ff) Andere Gleichnisse, die meist aus dem Thierreich entnommen sind, finden sich 9068, 11329 ff, (11545 ff.), 16742 f., 16888 ff., 17653 ff., 22070 f, 24067 f., 27757 ff. Ganz dem mittelalterlichen Geschmack entsprechend sind die Gleichnisse, welche aus dem Schachspiel stammen. M 15560 ff. — Auch B erwähnt das königliche Spiel: B 3169 u. B 19264, wo von Ach. bemerkt wird:

A uns eches d'or et d'argent Gieue à un chevalier des suens.

§ 15. Geht aus der Untersuchung der Kampfscenen hervor, dass sich M seinen Vorgängern in der Schilderung der mittelalterlichen Verhältnisse eng anschliesst und nur noch wenige antike Reminiscenzen aufweist, so ergiebt sich aus einer Betrachtung der religiösen Gebräuche, dass sich M hier eifrig bemüht antike Scenen nachzuahmen. Oft freilich blickt noch seine mittelalterliche Anschauung allzu deutlich unter dem dünnen Schleier hervor, welchen seine Auffassung der Antike über die Scenen breitet, in welchen religiöse Ceremonien geschildert werden. Immerhin aber ist das Bestreben M's, seine deutliche Absicht den Zuschauern Darstellungen zu bieten, welche nicht dem zeitgenössischen, französischen Kulturleben, sondern dem des Alterthums entnommen sind, an und für sich in hohem Grade beachtenswerth; denn hierin lassen sich die ersten Spuren der Renaissance erblicken, die ersten schwachen Keime der Wiederbelebung des klassischen Alterthums, welche sich einige Jahrzehnte später so mächtig entwickeln sollten.

§ 16. Zunächst möge eine kurze Uebersicht der bei unseren Autoren angerufenen göttlichen Wesen folgen.

Bei Da werden erwähnt: Apollo, Diana, Juno, Jupiter, Minerva und Venus. Auch die „inferi" werden zuweilen genannt. Bei B und C finden sich: Apollo, Diana (C e 5 δ: Luna quae et diana dicta est), Juno, Jupiter, Mars (li poissanz dex de bataille: B 1353, C e 5 δ; er hat die ehernen Stiere zu Wächtern des goldnen Vliesses eingesetzt: B 1340, C a 2 δ), Mercur, Minerva (auch Pallas deesse de chevalerie B 25284), Neptun (er hat die Mauern Trojas erbaut: B 25814, C c 2 β), Venus. Auch Götter der Unterwelt fehlen nicht. Als Bri= seida ihrem Vater Calchas seinen Verrath an den Troern vorwirft, macht sie ihn auf die Strafen im Jenseits auf= merksam. B 13712 ff.:

Mès qui en cest siècle est honiz,	Sire, molt est mis cuers destreiz
En l'antre sera toz hontos;	De ço qu'en si faite haine
Li lez enfers, li tenebros	Vos ont Pluto et Proserpine
Li est apretez, ço est bien dreiz.	Et li altre Deu infernal etc.

C nennt an der betreffenden Stelle keine Namen (i 3 β), sondern bemerkt nur, Calchas werde seiner Strafe „apud inferos" nicht entgehen, dagegen Pluto e 5 δ. Ferner ruft (B 21681) Hecuba „Pluto le Deu d'enfer" an.

Bei Da findet sich die Bezeichnung der Unterwelt durch „Orcus" (vgl. Da 26, 8 Multa milia invicem Orco dimittuntur; damit ist Virg. Aen. 曲 398 „— — multos Danaum demit= timus Orco" und das homerische "Ἄιδι προϊάπτειν zusammen= zustellen).

B fasst die Unterwelt, enfer, durchaus in mittelalterlichem Sinne als Hölle, Aufenthaltsort der Verdammten auf. Oft wird davon gesprochen, dass die Seele des Erschlagenen in die Unterwelt geht. So bemerkt z. B. Aiax zu Paris B 22734:

Porquant jà iert premierement Vostre ame en enfer que la moie.

(vgl. auch B 12047, 18986, 19255).

C wendet das Bild ebenfalls an z. B. k 5 α und l 5 β. Es sei gleich hier bemerkt, dass auch M diese Ausdrucks= weise kennt z. B. vgl. 19791 ff., wo er mit B 22734 und C l 5 β übereinstimmt. Unzweideutig mittelalterlich drückt sich M aus, wenn er He. zu Prothenor sagen lässt (13289 ff.):

Tien ce coup et va en enfer	Qui ont este mortes par fer
Avecques les ames dampnees	Par leurs euvres desordonnees.

Auch die Furien werden von B und C genannt; vgl. B 26285 ff., wo Calchas den Griechen die Ursache der schlechten Witte= rung mittheilt, welche ihre Abreise nach Troja verhindert:

Ses respons prist, ses sorz gita,	Desi que les infernax fures
Et enprès si lor anoncia,	Eüssent ed lor dreitures
Que ja li venz n'abessereit,	Et l'ame Achilles vengement;
Ne la mers ne s'apesereit	

Vielleicht hat B dabei die Stellen Di 98, 6 f. im Auge gehabt: Polyxena ... Achilli inferias missa. C folgt B genau, n 1 α. Er bezeichnet auch den Orakelspruch des Apollo in der vorwurfsvollen Rede der Briseida an Calchas als ein Werk der Furien, vgl, i 3 γ: Sane non fuit ille deus appollo, sed potius puto fuit comitiva infernalium furiarum a quibus responsa talia suscepisti. — Es scheint, dass C den Gott der Liebe, Cupido (ähnlich dem „Amors" B's) in seine Erzählung einführen wollte. Er lässt Ach. von einem Pfeile des Gottes verwundet werden, k 3 β: sagitta cupidinis fortem achillem subito vulneravit et ad interiora pertransiens cordis eius ipsum multo ardore amoris obsessum bachari coepit.

C erwähnt ausser den schon genannten noch eine ganze Reihe von göttlichen Wesen (z. B. Saturnus, Bachus, Faunus, Vulcanus u. A.) in den Kapiteln, welche er überschreibt: De imagine aurea appollinis, De initio idolatrie. Hier sucht er seine Kenntnisse in der Mythologie, in welcher er für seine Zeit ziemlich gut Bescheid weiss, recht zu zeigen. Doch lässt er sich dabei manche Versehen zu Schulden kommen (vgl. Dunger p. 62). Eine klare Anschauung von dem Wesen der homerischen Götterwelt besitzt er nicht. Wie schon er= wähnt, stellt er die Orakel dar als Aussprüche böser Geister, welche in die Götzenbilder gefahren seien: e 6 β Per de= monium igitur ingressum in idola surda et muta eliciebantur ab eis petita responsa que tunc gentilitas excolebat, etc. (Vgl. Cholevius I, 184.) Ferner spricht C öfter von Laren (a 7 α, c 3 δ, c 6 δ, o 4 β) und Penaten (n 6 α); endlich ist auch von Satyrn und Faunen bei B und C die Rede (vgl. B 6729, C f 6 β).

M seinerseits kennt folgende Götter resp. Göttinnen: Apollo (auch Phebus z. B. 1074, 5220 und ö.; er wird oft als „dieu de clarté" angerufen, z. B. 7074, 7678, 25905 u. ö.), Diana, Juno, Jupiter, Mars, Mercur (26207 Mercure le dieu des marchands), Neptun (ist Be= schützer der Seefahrer; so bemerkt Sorbin, der Begleiter des Antenor auf seiner Fahrt nach Griechenland 558 ff.:

    Le vent est un petit bien fort
    Mais a laide de Neptunus
    Nous y serons tantost venus.),

Pallas (bemerkenswerth ist, dass M die griechischen Namen für Apollo und Minerva kennt; sie ist „dame de saigesse" 26209; vgl. auch 26496 f.
    .... palas la deesse Qui est de prudence maistresse.),

Saturn (z. B. 4561, 5233, 27430, im „Instrument" p. 366
v. 60); Eolus wird als „grand dieu des vents" bezeichnet
(vgl. 563; C n 3 *d*).

Auf dem Grabmal Ach.'s werden 12 Götter und Göttinnen
dargestellt. Unter ihnen befinden sich ausser den schon ge=
nannten: Atlas (M 19455 f.:

    Et puis apres le dieu athlas Sur luy la terre figuree),

Vesta (19462 neben Neptun, der mit „aquatique couleur"
gemalt werden soll) und Hercules (19473 f.:

    .... le dieu nouveau Hercules le desmesure).

Auch im „Instrument" wird Hercules erwähnt p. 366,
61: lequel fu iadis ennemy de troye la grant comme il apert
plus a plain en listoire de la mort de laomedon faicte il y
a cinquante ans etc.; auch die bonnes dercules (22) sind den
Verfassern des „Instrument" bekannt). — Einzelne Gottheiten
werden von M mit Vorliebe genannt. So besonders Jupiter,
denn dieser ist doch wohl gemeint, wenn er sagt (120 f.):

    Celuy qui regne haut et bas   Garde Pollidamas etc.

oder wenn von dem „dieu des dieux (193), dieu du ciel (301),
roy du ciel" (370) und „dieu du firmament" (1892) etc.
die Rede ist. Namentlich bei der Begrüssung oder beim
Abschiede wird sein Name oft citirt.

Ferner treten Apollo und Venus aus der Reihe der
übrigen Götter hervor. Sie waren ja auch im Mittelalter
die einzigen, an deren Existenz man so zu sagen glaubte
(vgl. Cholevius I, 184'. Apollo figurirt mit Saturn auf dem
Banner des Diomedes (4561), er ist derjenige, welcher Orakel=
sprüche austheilt und die meisten Opfer empfängt; in seinem
Tempel werden die berühmtesten Helden begraben.

Venus spielt eine grosse Rolle in dem Streite der Göt=
tinnen um den goldenen Apfel, der ja den traditionellen
Ausgangspunkt der Sage vom trojanischen Kriege bildet.
Da erzählt die Geschichte vom Urtheil des Paris in knappen
Worten und erwähnt dabei nichts von dem Apfel (9, 5 ff).
B C und M haben diese kurze Fassung wesentlich erweitert,
wobei B in seiner Erzählung den Commentar des Servius
zu Virg. Aen. I, 27 benutzt zu haben scheint. Auch die
92. Fabel des Hygin stimmt hier mit B überein (vgl. Greif
§ 27).

C ist am vollständigsten in der Schilderung dieser Episode, indem er sowohl die Versprechungen der Göttinnen erwähnt, von denen B nichts berichtet, als auch den Apfel, während M nur von einem „don" weiss. Interessant ist das hierzu gehörige Bild bei M p. 28. Im Vordergrunde links steht Paris auf seinen Jagdspiess gestützt, neben ihm sein Pferd, vor ihm die drei Göttinnen in Eva's Kostüm (vgl. M 1566). Im Hintergrunde rechts verfolgen zwei Hunde einen Hirsch, links befindet sich augenscheinlich Jupiter mit Krone und Scepter von Wolken umgeben. Die vorderste der Göttinnen, durch eine Krone als Juno gekennzeichnet, fordert Paris durch die Ueberreichung des Apfels zum Urtheil auf. Im Ganzen liegt in dieser bildlichen Darstellung ein merkwürdiges Conglomerat von antiken und mittelalterlichen Anschauungen, doch erkennt man das redliche Bemühen, erstere zum Ausdruck zu bringen (vgl. B 3842 ff., C d 1 α ff., M 1488 ff.). Um die vollendete Schönheit der Göttinnen auszudrücken, werden sie in charakteristischer Weise mit Feen verglichen. M 1559:
Plus sont blanches que nulles faees.

Paris ist der erklärte Liebling der Venus. Er hofft mit Bestimmtheit, dass es ihm mit ihrer Hülfe gelingt die Helena zu entführen (M 2091). Dementsprechend schwört Paris mit Vorliebe „par Venus la grant deesse" (z. B. 17219 u. ö). Er selbst hat etwas Göttliches in seinem Aeussern. Er ist so schön, dass man glaubt:
Que se semble la remembrance Du dieu damours de sa plaisance etc.
20983 ff. Venus und Mercur haben nicht so schöne Augen als er,
Et certes ilz sont envieulx
De sa beaulte comme ie pense
Dont ilz sont trop mal gracieulx

bemerkt Pri. (19933 ff.) in seiner Klage um den gefallenen Paris. In Citharee vermuthet man: „Que les dieux lont fait pour exemple" (2118) und „quil est immortel Ou aime de quelque deesse" (2113 f.). Auch Helena erblickt etwas Göttliches in ihm (2218 ff.):
Sa beaulte est noncomparee
Cest le nonpareil des humains Se en luy nest deite trouvee.

Auch Enee (B 18134; C f 4 β) steht der Venus nahe. Menelaus, der betrogene Gatte, ist einer ihrer treuesten Diener, daher beklagt er sich bitter, dass sie ihm den Rücken gekehrt, die er höher geschätzt als selbst Juno und Pallas (M 4409 ff.).

Sie ist die Liebesgöttin par excellence, in ihrem Tempel auf Citharee finden sich Paris und Helena. Sie wird zu den

„dieux des amoureux" gerechnet (4313) und „deesse de joie (1447, 337), deesse de beaulte (2153), dame de jeunesse" (5964) genannt. Sie ist endlich die Schutzgöttin der Amazonen (20887, 21014). —

In Bezug auf das Leben des Menschen nach dem Tode hat M ganz mittelalterlich=christliche Anschauungen. Falls sich die Menschen durch Schönheit oder Tapferkeit ausgezeichnet haben, werden sie in die Mitte der Götter aufgenommen, d. h. sie gelangen in den Himmel. Eine Stelle in der Klage Pri.'s um den Tod He.'s ist bemerkenswerth. Pri. sucht Hecuba in ihrem Schmerz zu trösten durch den Hinweis auf den allmächtigen Willen der Götter, gegen welchen man nicht ankämpfen könne. M 13760 ff.:

Or fault donc que le cueur me blesse A ceste fois cy quil vous laisse
Puis que les dieux ordonne ont Pour aler avecques eulx amont.

Dann fügt er hinzu, dass die Götter auch den Ganymed — welcher hier als Sohn des Pri. erscheint — seit seiner Jugendzeit ihnen entrissen hätten:

Vous saves que ganymedes Ores fut il des son enffance
Mon filz qui eust telle plaisance Ravy pour estre avec les dieux
Que puis luy ne fut nul apres Peult estre que cest leur plaisance
Qui eust aussi belle iouvance Davoir hector ains quil soit vieulx.

Hiermit liesse sich vergleichen Il. XX, 232 ff.:

.... ἀντίθεος Γανυμήδης, τὸν καὶ ἀνηρείψαντο θεοὶ Διὶ οἰνοχοεύειν
ὃς δὴ κάλλιστος γένετο θνητῶν ἀνθρώπων. κάλλεος εἵνεκα οἷο, ἵν᾽ ἀθανάτοισι μετείη.

Aehnliche Gedanken betreffend die Erhebung des Menschen zu den Göttern nach dem Tode finden sich 6156, 10434 ff., 15233 f. Damit hängt zusammen, dass man oft für die Seele eines Verstorbenen und um gute Aufnahme derselben durch die Götter bittet, was an die Seelenmessen der mittelalterlichen Kirche erinnert. —

Einmal erwähnt M den Ort, wo die Götter ihre Wohnung aufgeschlagen haben. In einer allegorischen Erzählung des Pri. wird geschildert, wie er in einen prächtigen Garten kommt, welcher mit allem gefüllt ist, was man sich wünschen kann. M 24807 ff.:

Ce lieu la estoit appelle Que les latins nomment tempte
Ainsi comme il me feust compte La avoient souvent habite
Le lieu de delectation Les dieux pour consolation.

Wie Greif bemerkt, ist es sehr wahrscheinlich, dass M für diese allegorische Darstellung das VI. Buch der Aeneis benutzte.

Bei Gelegenheit der Schilderung des Ortes, wo Paris das Urtheil fällt, ist M nicht selbstständig genug um den schon von B corrumpirten Namen des Götterberges Inde aus Ida, welchen auch C beibehält (in minori india) durch den richtigeren zu ersetzen, auch er lässt Paris in „ynde mineur" die verhängnissvolle Entscheidung treffen. —

§ 17. Bei M tritt der Mensch sehr häufig in Verkehr mit den Göttern durch das Gebet. Auch bei Begrüssung und Abschied wird regelmässig der Angeredete oder bei Botschaften der Herr des Boten dem Schutze der Götter empfohlen. Meist wird dabei der Name der Gottheit genannt, oft wird auch nur „dieu" oder „tous les dieux" und ähnliche Ausdrücke gebraucht. Selten wird etwas unternommen, ohne dass man besorgt ist, Rücksicht auf die Meinung der Götter zu nehmen. Gelingt ein Vorhaben, ist man einer drohenden Gefahr glücklich entgangen, so verfehlt man nicht den Göttern zu danken. Oft wird ausgesprochen, dass die göttlichen Wesen das Geschick der Menschen vollständig in ihrer Hand halten, dass ohne ihre Hülfe kein Erfolg möglich ist. Wird ein geliebter Führer den Seinen durch den Tod entrissen, so klagt man die Götter an, den Helden zu früh zu sich genommen zu haben und tröstet sich durch die Hoffnung auf ein besseres künftiges Leben.

Aus diesen wenigen Zügen geht schon hervor, dass die religiösen Ansichten, welche in M's Mystère vertreten sind, sich weit mehr den Glaubenslehren der mittelalterlichen Kirche als denen des Alterthums annähern. Oft ist man versucht die an einen Gott gerichteten Gebete für Anrufung eines Schutzheiligen zu halten, wie denn auch Diomedes 25353 f. bemerkt:

.... nous avons fait ung edit Jure sur saintes et sur sains, während unmittelbar vorher dieser Schwur in der Weise geleistet wird, dass Diomedes und Ulixes die Götter zu Zeugen desselben anrufen (vgl. 25315).

Im Folgenden möge noch ein flüchtiger Blick auf die Gebete und den Schwur bei M geworfen werden.

I. Bittgebet. Oft wird um glückliche Fahrt oder erfolgreichen Ausgang eines Unternehmens gebeten, (vgl. 509, 1784, 1870 ff.; 4204, 6990, 19163 u. ö.), ebenso um siegreiche und glückliche Rückkehr vom Kampfe (16994, 19723 ff.). Auch die Gunst der Götter im Allgemeinen wird nicht selten erfleht (4221, 6609, 6624 u. ö.), denn sie sind allmächtig (6840, 8813, 11351, 22359 ff., 25618 u. ö.), besonders Jupiter, welcher die Welt geschaffen hat (14047, 14551, 15120) und erhält (21508, 24602). Man muss sich dem Willen der Götter beugen (1841, 2890, 8778, 13688, 19586, 22359, 22887, 27950). [Die Trojaner stammen von den Göttern ab (21818), doch auch die Griechen sind „gens aux haulx dieux unie" 15680)]. Ziemlich häufig ist die Bitte um Rache an den Feinden, besonders bei Begrüssungen (4313, 8342, 9735, 9749, 16164, 19211 u. ö.). Auch versprechen die Götter Rache (4434), obschon ihnen strenge Vergeltung nicht angenehm ist (11306). Doch dulden sie keine Unbilligkeit (17766), daher haben sie den Untergang Trojas beschlossen (7173 ff., 7258) und den Griechen Sieg verheissen (14483, 15687 ff.). Man bittet ferner um Verzeihung für begangene Fehler und Vergehen (2455, 25745: Bestechung des Thoas und Raub des Palladium's). Oft auch erscheint in der Klage um einen gefallenen Helden die Bitte, wenigstens im Tode mit demselben vereinigt zu werden (13432, 17501, 20275, 21636, 22299 ff. u. ö.). Hieran schliesst sich oft ein Gebet für die Seele des Verstorbenen (11970, 15944, 19534, 22330 ff. u. ö.). Auch bittet man um das Heil der eigenen Seele (22302, 24563 u. ö.) und um ein besseres Loos in diesem Leben unter Berufung auf die treuen Dienste, die man den Göttern geleistet (20606 ff. u. ö.). —

II. Dankgebet. Man dankt den Göttern für glückliche Fahrt (924, 978, 1147, 2553, 3013 ff., 10358 u. ö.), für den Sieg über die Feinde (13873, 14280 u. ö.), für Befreiung aus der Gefangenschaft (12485, 12527, 20568), für Genesung von Wunden oder Krankheit (14280 ff., 8018 ff.).

III. Schwur. Sehr oft finden sich die Ausdrücke: „par ma loy, par ma foy, par mon serment" (par le serment de gentillesse 25310). Auch wird gesagt „par mon ame" (16046; Pri. 17707: par lame de mon pere); „par ma couronne, par ma jeunesse" (Archilogus 17117); „par ma conscience"; Paris beschwört Palamides (16211) „par lamour que vous devez a vostre belle amye"; „par ceste destre" (Philimenis 24499); sehr häufig ist der Schwur „par mon grenon, par ma barbe fleurie"; oft werden die Götter zu Zeugen des Schwurs angerufen: „par dieu, par les dieux du ciel, par les haulx dieux, par tous noz dieux, par tous les dieux en qui ie croy" etc. Auch einzelne Gottheiten werden genannt, z. B. Venus (17219 u. ö. von Paris), von Enee (18134: Par venus la deesse Ou anchises mengendra en ieunesse), von Panthasilee (20887: Par venus qui est nostre amye), und Galienne (21014: Par nostre deesse venus); ferner Jupiter (z. B. 18140: Par iupiter qui ne fault ne ne ment) und Pallas (23962 f.: Par la grant deesse pallas Ne par iupiter le grant dieu). In der Beschwörung des Friedens endlich finden sich noch folgende Ausdrücke: Diomedes schwört (26376 ff.): „sur tous les dieux, sur ma couronne royal" und „sur ma foy", Pri. (26400 ff.):

<table>
<tr><td>Je iure sur la maieste</td><td>Quay a cause de royaulte (vgl. 25316)</td></tr>
<tr><td>Des dieux et sur la gravite</td><td>Par la force dhector mon filz</td></tr>
<tr><td>Quil appartient a ma vieillesse</td><td>Et par la beaulte de paris etc.</td></tr>
<tr><td>Sur le hault nom de ma noblesse</td><td>Sur ma teste pareillement</td></tr>
<tr><td>Et aussi sur lauctorite</td><td>Vous faiz bon et loyal serment.</td></tr>
</table>

§ 18. Ich gehe jetzt zur Betrachtung der religiösen Gebräuche über, in deren Darstellung sich M am meisten bestrebt seinem Mystère antiken Geist einzuhauchen. Eine besonders bemerkenswerthe Scene ist die Befragung des delphischen Orakels, das ja im Alterthum in grossem Ansehen stand und durch seine geheimnissvollen Aussprüche über das Schicksal ganzer Völker entschied. Wie (Da 19, 11 ff., B 5765 ff., C e 4 d ff., M 6828 ff.) berichtet wird, haben sich die griechischen Fürsten unter Anführung Agamemnons in Athen versammelt um von hier aus gemeinsam nach Troja aufzubrechen. Bevor dies geschieht, schlägt Agamemnon (bei M Ulixes) vor nach Delphi (B Delfeis, C apud delphos insulam ad deum appollinem speciales devotos etc., M isle de Delon ou Appollo est honore) zu senden, um die Meinung der Götter über den bevorstehenden Krieg zu erfahren, denn ohne deren Hülfe sei kein Sieg zu erringen (M 6848 ff.):

Car a qui ilz sont gracieulx   Et a qui ilz sont ennuyeulx
Il na garde que homme luy nuyse Il ne peult rien faire a sa guise.

Auch solle man eine recht geeignete Persönlichkeit dazu aussuchen:

Plus est la personne prouvee Et tant plus est plaisant aux dieux.

Ach. und Patroclus werden als Gesandte gewählt. Bei Da beschränkt sich die Schilderung der Ceremonien, welche das Opfer im Tempel Apollo's begleiten auf die Worte (Da 19, 21): Achilles res divinas, sicut imperatum est, fecit. Auch B bemerkt wenig mehr (5789 ff.):

O crieme et o devocion   Sacrefice ont appareillié:
I ont fete lor oreison,   Achilles a sacrifié.

und nach der Verkündigung des Orakelspruches (5807 ff.):

Lo Deu aore et mercie   Et devant l'autel s'umilie.

C ist ebenso ungenau in seinen Angaben: (e 6 γ) Et factis eorum oblationibus in multorum donorum prodiga quantitate petentibus ab eo de grecorum negociis habere responsum, sic eis predictus appollo submissa voce respondit etc. Bei M dagegen findet sich eine ausführliche Schilderung der Opferhandlung. Als die Gesandten am Ziele ihrer Fahrt angelangt sind, befiehlt Ach. seinem Begleiter Basaac ein weisses, junges Lamm mit feinem, wolligem Vliesse als Opferthier herbeizuschaffen. Inzwischen treffen Ach. und Patroclus ihre Vorbereitungen zum Gebet. Ach. weist seinen Gefährten an, wie sie beten müssen, um eine Offenbarung des Gottes zu erlangen (M 7021 ff.):

Si nous enclinerons a terre Quant nous sacriffirons la beste
Et aurons drappeaulx de losier Si fault par grant devocion
Quant nous vouldrons le dieu prier Faire la supplication
Lesquelz nous mettrons en la teste Se nous voulons responce avoir.

und in der Bühnenanweisung nach 7034 heisst es: Lors se saindront de cordes et envelopperont leurs testes de touailles (vgl. auch 7031 f.) et mettront chascun ung chappeau dosier. Nachdem sie so ausgerüstet das „oratoire" des Tempels betreten und den Gefährten strengen Befehl ertheilt haben, niemand einzulassen, richten sie kniend ein Gebet an die Götter (7043 ff.):

Iririos Iririos Iririos
Athanatos athanathos ythirios ythirios.

Iririos entspricht jedenfalls dem griechischen κύριος, indem der Setzer Ir für k gebrauchte (vgl. die Signatur p. 183 ff. und p. VIII).

[Derartige Anrufungen, welche der Liturgie der mittelalterlichen Kirche entnommen sind, finden sich auch in anderen Mystères; z. B. in Le martire de St. Pierre et de St. Paul, ed. Jubinal I p. 85 steht in der Bühnenanweisung Lors S. Pol bende ses yeulz et die a genous:

Agyos, o theos, agyos ykirros agyos Athanatos Jhesu Eleyson ymas

vgl. hierzu p. 363, wo Jubinal eine Uebersetzung dieser Worte giebt und hinzufügt: Elles sont extraites de l'Office du Vendredi saint.]

Das folgende längere Gebet des Ach. ist durchaus von christlichem Geiste dictirt Nur die Bitte, den Griechen gegen Darbringung eines Opfers günstig gesinnt zu sein, lässt Apollo einigermassen als eine antike Gottheit erscheinen:

Vueillez par raison Je te vueil le don
En ceste saison Faire dun mouton
Nous estre propice En vray sacrifice.

Nachdem man das Opferthier herbeigebracht, wird es auf dem Altare geschlachtet; vgl. die Bühnenanweisung nach 7124: Lors Patroclus tendra la teste et achilles le sacriffra sur lautel en le partissant par le millieu en ung vaissel dargent rendra le sang etc.

Hierauf folgt wieder ein Gebet an Apollo, in welchem von einem Rauchopfer gesprochen wird:
    Trespuissant dieu recoy la fumee De ceste hostie consacree.

Augenscheinlich ist damit das dampfende Blut des geschlachteten Opferthieres gemeint. Der angerufene Gott erhört die Bitten des Ach. und verkündet mit Donnerstimme den Willen der Götter, welche beschlossen hätten, Troja von den Griechen zerstören zu lassen „Pour leurs pompes et leur orgueil". Diese Scene muss auf der Bühne sehr wirksam gewesen sein, und vielleicht verdankt das Mystère einen Theil seiner grossen Beliebtheit diesen Darstellungen antiker Opfer und Offenbarungen der Gottheit. Hierauf danken Beide, welche sich ehrfurchtsvoll vor der göttlichen Stimme gebeugt haben, für die erhaltene Antwort:
    Chere lririos lririos (Chere = χαῖρε?)
    Cere lririos lririos Cere athanatos.

Damit ist die heilige Handlung beendet. Beim Verlassen des Tempels begegnet ihnen der Priester Calchas, welcher im Auftrage der Troer das Orakel befragen soll. Auch dessen Opfer wird genau beschrieben. Er erscheint im Gewande eines troischen Priesters: (Bühnenanweisung nach 7204)
Calcas le troyen qui doibt estre habille en guise de prestre selon lenciene facon.
Unter dieser soll offenbar die antike verstanden werden. Auf dem beigegebenen Bilde (p. 116) erscheinen 4 Personen. Die beiden mittleren sind Ach. und Patroclus, welche das Lamm opfern, zu beiden Seiten stehen Calchas und dessen clerc Finees. Die Trachten bestehen aus langen Gewändern, die aber nicht von den sonstigen abweichen. Auffallend ist die turbanähnliche Kopfbedeckung des Calchas, für den man wohl die Gestalt links zu halten hat. Augenscheinlich hat hier der Zeichner die Intentionen M's bezüglich der Kleidung der Opfernden nicht genau wiedergegeben. Auf dem Altar befindet sich das „idolle appollo" in Gestalt einer Statue. Der Baustil des Tempels trägt mittelalterliches Gepräge. Auch Calchas und Finees rufen den Gott in der Weise an wie die Griechen, doch scheinen die Worte eher hebräisch zu sein: „El rabon" und „Osana cecilos" werden zweimal wiederholt. Das Opferthier ist ein Stier (vgl. Il. II. 402), (7231):
    Ung thoreau blanc devant toy sacrifie
    Prens le en gre pour pure et necte hostie

Apollo befiehlt Calchas „en voix terrible" zu dem Heere der Griechen überzugehen, da es der Wille der Götter sei, dass Troja zerstört werde:

> Car tu leur seras necessaire
> En leurs parlemens et segretz   Pour mieulx leur besogne parfaire.

Nachdem der Priester seinen Dank abgestattet, verlässt er den Tempel, theilt den Griechen die Antwort Apollo's mit und begleitet sie nach Athen.

Bei B und C ist keine Spur von Ceremonien zu finden. Es wird nur berichtet, dass Calchas dem Gotte Geschenke darbringt (B 5815):

> Dons apporteit Appollini

und in Athen bemerkt Calchas, als er von dem Orakel erzählt (B 5877 ff.):

> Fet li avoie sacrefise
> A la manière et à la guise   Que ie soi que len deveit fere.

Auch bei B offenbart sich Apollo, doch nicht in so prägnanter Weise wie bei M (5795):

> Li respons li ad dit en bas

und zwar in nächtlicher Stunde (5763 f.) C (e 6 γ) reproducirt nur B und bietet nichts Neues.

So wunderlich auch auf den ersten Blick die ganze Opferhandlung und die Ceremonien bei M erscheinen mögen, darf man doch nicht so schnell darüber urtheilen, wie es Wunder. p. 39 gethan. Für einen Dramatiker des 15. Jahrhunderts sind diese Versuche, die Antike auf die Bühne zu bringen, in höchstem Grade anerkennenswerth. Man darf bei der Beurtheilung dieser Scenen nicht von dem Standpunkte unseres modernen Geschmackes ausgehen; nur eine ganz objective historische Betrachtungsweise kann eine richtige Würdigung der Bedeutung dieser Darstellungen ergeben. Auch scheint mir der antike Charakter des Opfers ziemlich gewahrt zu sein, während Wunder behauptet, die Scenen erinnerten mehr an den Cultus der Zeit M's als an die Götterverehrung der Griechen. Die „touailles" lassen mich an die Opferbinden, die $\sigma\tau\acute{\epsilon}\mu\mu\alpha\tau\alpha$ bei H (I, 14), die „vittae sacrae" bei Virgil denken, während die Opferthiere und das Auffangen des Blutes (Od. III, 444) auch auf antike Scenen hinweisen.

Noch eine andere Episode, in welcher ebenfalls die Verehrung Apollo's den Mittelpunkt bildet, ist hier hervorzuheben, und interessant, da an dieser Stelle auch B und C Opferthiere erwähnen, jedenfalls in Anlehnung an Di. Bei Gelegenheit eines Opfers, welches die Troer im Tempel der Minerva bringen (Di 92, 1 ff) ereignet sich ein schreckliches Wunder, ein „portentum ingens"; das Feuer verzehrt das Opfer auf den Altären nicht, sondern verlischt. Dasselbe geschieht im

Heiligthum des Apollo, wo die Spenden vom Altar zur Erde fallen. Plötzlich erscheint ein Adler, raubt die Eingeweide der Opferthiere und trägt sie in das Lager der Griechen. [Es sei hier bemerkt, dass auch bei H der Adler oft von den Göttern gesandt wird, um den Menschen ihren Willen zu offenbaren, vgl. Od. XIX, 335 (Od. III. 371 entschwebt Pallas Athene dem Telemach in Gestalt eines Adlers), Il. VIII, 245, XII, 200, XIII, 820, XXIV, 315 ff.] Diese Darstellung des Di wird von B (25401 ff.) und C (m 5 α f.) ziemlich genau und übereinstimmend reproducirt. M schliesst sich C an, bemüht sich aber etwas mehr zu geben, antike Elemente einzuführen. Wie schon bei der Befragung des Orakels, so ordnet M auch hier eine besondere Art der Kleidung für den Opfernden an. Zuerst soll ein Rauchopfer „holocauste" (25912; auch schon 7242) dargebracht werden. 25876 ff. bemerkt Pri.:

Amy faictez nous alumer Et si leur faictez sacrifice
Du feu pour les dieux encenser Comme scavez estre propice.

In der nun folgenden interessanten Bühnenanweisung werden Andeutungen über die Kleidung des Priesters und des „clerc" Cidrac gegeben: Adont Thoas vest les habillemens convenablez pour sacrifier aux dieux et tous les troyans se mettent a genoux et fauldra avoir de la genefv(r)e afin que la fummee ne face mal aux yeulx et thoas dira a son clerc nomme cidrac qui sera aussi revestu comme thoas mais il naura point de chappeau en la teste etc. etc. Allein trotz des Gebetes, welches Calchas an Apollo, den „dieu lumiere de la terre" richtet, ist das Feuer nicht zu entzünden; auch dann nicht, als Calchas ihn mit den räthselhaften Worten anruft:

Zebay ferme cidrac
Zebay ferme cidrac Gesi sabaoth cayaulx.

Cidrac folgt dem Beispiele seines Herrn und Meisters:

Belchi mesphi exanictos
Belchi zoe athanatos Hely hely belsanitos

Als selbst ein weiteres Gebet keine Hülfe bringt, sucht er den erzürnten Gott durch ein Thieropfer zu versöhnen: Lors prent ung mouton blanc qui a cornes et le prent par les piez de devant et son clerc par ceulx de derriere et puis quant il y est il le fent en disant etc. Die eigentliche Opferhandlung geschieht in der schon beim Orakel angegebenen Weise durch Schlachten des Thieres und Besprengung des Altares mit dem Blute (25941 f.):

Recevez du sang la liqueur Et des entraillez la fumee.

Der Verlauf der Ereignisse ist derselbe wie bei B und C. In der Schilderung des Opfers selbst befleissigen sie sich M gegenüber grosser Kürze. B erwähnt noch, dass sich auf

den Altären viele „saintuaires", augenscheinlich Reliquien
befinden (25407 f.):
<small>De saintuaires molt preisiez Fu li autex pleins et chargiez.</small>

Auch bei M erinnert das „encenser" etwas an den Weih=
rauch des christlichen Kultus und deutet darauf hin, dass
seine Anschauungen von der Antike sich in einem steten
Widerstreite mit den Vorstellungen von den kirchlichen Ge=
bräuchen seiner Zeit befinden.

Noch eine andere Opferscene darf nicht unerwähnt bleiben;
das Zusammentreffen von Paris und Helena im Tempel der
Venus auf Citharee gelegentlich eines grossen Festes, das ihr
zu Ehren gefeiert wird. (Da 12, 1 ff.; B 4235 ff, C d 3
δ ff., M 2079 ff.) Da berichtet keinerlei Ceremonien, auch
setzt er Diana für Venus, worin ihm B folgt (vgl. Greif
§ 29 f.). B lässt die Trojaner ihr Opfer in anderer Weise
darbringen als die Griechen. 4273 ff. heisst es von Paris:
<small>Un sacrefice appareilla,
A la deese Diana, A la Troïene manière etc.</small>
während 4251 ff, bemerkt wird:
<small>Là fesoient lor sacrefises   Molt i offrirent riches dons,
Les genz del pais à lor guises Et prenoient devins respons.</small>

Bei C opfert Alexander nach dardanischer Sitte: d 3 γ
<small>more dardanico in templo ipso supplici vultu in presentia populi tunc
astantis ibidem devotis orationibus oblationes suas in multa auri et ar-
genti copia immensa prodigalitate profudit.</small> Auch M erwähnt dies=
mal keine Ceremonien. Paris bittet seine hohe Gönnerin,
ihm beizustehen und jetzt die versprochene Belohnung für
seine Entscheidung in dem Streite der Göttinnen zu gewähren.
2091 ff.:
<small>Favorize a mon commencement   Je te presente du mien cent escus
Tu es celle en qui ie me fie le plus Quay apportez de troye proprement.</small>
Auch das dazu gehörige Bild (p. 40) zeigt mehr mittelal=
terliches Colorit. Helena kniet vor einem Betpulte, auf welchem
sich ein aufgeschlagenes Buch befindet. Vor ihr erblickt
man den Altar mit der Statue der Venus, welche eine Krone
auf dem Haupte trägt. Im Hintergrunde links verrichten
die Begleiterinnen der Helena ihre Andacht, während sich
rechts Paris befindet, von einigen Griechen begleitet. —
Eine ganz aussergewöhnliche Opferspende ist das Weihge=
schenk für die durch die Entwendung des Palladium's er=
zürnte Göttin Pallas, das hölzerne (bei C eherne) Pferd.
Da kennt diese Episode nicht. Er hat nur eine ganz dunkle
Erinnerung von der Erzählung Virgils, indem er die Griechen
durch die porta Scaea in Troja eindringen lässt, „ubi extrin-

secus caput equi sculptum est. (Da 49, 1 f., vgl. Greif § 15); B (25620 ff.), C (m 5 β f.) und M (26043 ff.) stimmen hier im Ganzen überein. Bei B C sind Calchas und Crisis, bei M ist Calchas allein der Erfinder des Planes von der Entführung des Palladiums (vgl. noch das Bild M p. 416; Od. VIII, 72 ff, 478 ff., XI, 503; Il. XXIII, 665 ff., wo Epeios der Erbauer des Rosses genannt wird und Virg. Aen. II, 15 ff.). —

Auffällig ist, dass M nichts von dem Opfer erwähnt, welches Agamemnon der Diana in Aulis darbringt (Da 20, 12; B 5931 ff., C f 1 β), während er in Uebereinstimmung mit BC erzählt, dass Polixene am Grabmal des Ach. goopfert wird (Di 98, 6 f.; Da 51, 5; B 26285 ff.; C n 1 β; M 27257 ff.). —

Bei Gelegenheit des Opfers in Aulis tritt Calchas bei BC in seiner Thätigkeit als Augur hervor (vgl. B 5931 ff.):
Calcas fist ses experimenz
Tost sot par ses auguremenz Que cist tenpiers sencfiot etc.
C f. 1 β: Sed ille Calcas troianus antistes factis suis exorcizationibus, ut erat peritus in eis dixit etc. Calchas wird hier also gewissermassen als Magier und Geisterbeschwörer hingestellt. Schon Il. I, 69 ff. gilt Calchas als οἰωνοπόλος ἄριστος. Auch bei unseren Autoren ist er ein sehr angesehener Priester. Er selbst ist stolz auf seine Würde; vgl. z. B. M 7661 ff.:
Or ay ie fait le sacrifice   Car a moy appartient loffice
Comme maistre de nostre loy   Plus tost qua prince ne qua roy.

In einer Berathung der griechischen Fürsten, ob man den Kampf fortsetzen oder uuverrichteter Sache nach Hause zurückkehren solle, führt er die Entscheidung herbei. Er behauptet, man müsse das Gebot der Götter befolgen, welche die Eroberung Trojas bestimmt hätten. B 19912 ff., C f 1 α, M 18904:
Pnis que les dieux vous ont enioinct   Pour dieu ne vous en alez point
Que troye fust par vous rasee   Tant que ayez la chose achevee.

In diesem Sinne wird die Erneuerung des Kampfes beschlossen. Calchas ist es, welcher das Opfer der Polixene als Gewähr einer glücklichen Heimfahrt verlangt. Gern hätten die Griechen die schöne Gefangene dem Tode entrissen, doch dem Ansehen des Calchas verbunden mit der Furcht vor der Strafe der Götter beugt sich alles (B 26434 ff.; C n 1 β; M 27323 ff.).

Einen starken Contrast zu der Werthschätzung des Calchas bildet das geringe Ansehen, in welchem ein anderer

Seher, Helenus, steht (vgl. Il. VI, 76, VII, 44 ff.; VIII, 576 ff.; XXIV, 449). Dies zeigt sich z. B. in einer Scene, in welcher Helenus vor dem versammelten Rathe der troischen Fürsten den Untergang der Stadt vorhersagt. Schon bei Da (9, 19 ff.) ermahnt Troilus die Versammlung sich durch die Reden seines Bruders nicht einschüchtern zu lassen. B schildert die Episode noch drastischer und mittelalterlicher. Troilus glaubt nicht an die prophetische Begabung des Helenus noch an das Wahrsagerthum überhaupt und beschuldigt ihn der Lüge und Feigheit; B 3985 f.:
Provoire sont toz jorz coart De poi de chose ont il regart.

Ueberhaupt passe ein Mönch gar nicht in die Gesellschaft der Ritter, er solle lieber in das Kloster gehen, um dort zu beten und den Leib zu pflegen. B 3989 ff.:
Ne deit estre entre chevaliers,
Ainz voist orer en cez mostiers, Et guart qu'il seit et gros et gras;
Auch C giebt seine Verachtung der Mönche zu erkennen, wenn er den Troilus sagen lässt: (d 2 α) Nonne est proprium sacerdotum vitaro bella, fugere congressus quos sola pusillanimitas facit amare delicias, et in sola vescendi ciborum et potus saturitate tumescere.

[C schaltet gern dergleichen Reflexionen in seine Erzählung ein. So ergeht er sich (m 5 α) gelegentlich der Bestechung des Thobanz, welcher das Palladium bewachen soll, in einem Excurs über die Verderbtheit der Priester: m 5 α Nam nullum scelus potest esse tam grave quod ad committendum illud sacerdotes in fulgore auri subitam non recipiant cecitatem. Sunt enim avaricie templum et cupiditatis auxilium. Ebenso benutzt er jede sich ihm bietende Gelegenheit tadelnde Bemerkungen über das schönere Geschlecht zu machen, z. B. a 6 α f. (Medea), d 3 δ, d 4 α (Helena), i 2 δ f., i 3 α (B 13410 ff.), l 1 γ (B 20223 ff) über die „inconstantia" und die „lacrime deceptive" der Briseida, n 5 β (Clitemnestra), o 7 γ (Helena).] —

Auch bei M finden sich öfter geringschätzende Ansichten über Helenus ausgesprochen. M 1710 ff.; 22277 ff.

Auch Cassandra besitzt, wie bei H, die Gabe der Weissagung, macht aber zuweilen so nachhaltigen Gebrauch davon, dass sie Pri. einmal einsperren lässt (B 10355 ff.; C h 4 α; M 10564 ff.). Bei M 6486 ff. prophezeit sie „par le droit cours des estoilles", verlegt sich also auf Astrologie. —

Bemerkenswerth für M.'s Auffassung der Antike ist die Beschreibung der Götterbilder, welche bei dem Friedensschlusse erwähnt werden. Vgl. Bühnenanweisung nach 26227:
Lors nestor aporte trois ymages faiz en façon que les sarrazins pan-

doient leurs dieux et les mettra sur une table bien paree etc. Wunder (p. 41) hält diese Bezeichnung für eine Unklarheit in ethnographischer Beziehung. Mir scheint aber, dass der Name der Saracenen von M in der ausgesprochenen Absicht gewählt wird, damit man bei Erwähnung der Götterbilder gleich daran erinnert werde, dass M hier etwas Aussergewöhnliches, Nichtmittelalterliches geben will. Der Begriff Saracene bezeichnete am besten alles das, was nicht dem Christenthum angehörte und war vortrefflich geeignet die ziemlich unklaren Vorstellungen auszudrücken, welche M von einem antiken Götterbilde hatte. B und C erwähnen an der betreffenden Stelle nichts von der bei M gebrauchten Vergleichung. B bemerkt nur (25707 f.):
On fait porter les saintuaires De fors les murs en unes aires.
und fügt dann die Namen der Gottheiten hinzu, welche Bürgen des Schwures und des Friedens sein sollen (B 25727 ff.):
De ço iert Jupiter garanz,
Et Apollo li Dex poissanz. Soleil, et lune, et terre et mer.
Vgl. auch C m 5 γ: in medio camporum extra muros civitatis sanctuariis ordinatis a greçis etc.

Für das Bestreben M.'s mehr der Antike Nachgeahmtes zu bringen als C resp. B spricht vielleicht auch der Umstand, dass M von dem Palladium berichtet (25580): „Si a figure dun serpent". während B (25267 ff.) und C (m 4 β) nichts von dessen Gestalt wissen. (Sollte vielleicht hier eine unklare Reminiscenz aus Virgil I 226 f. auf M influirt haben, wo sich die Schlangen, nachdem sie Laocoon getötet, unter dem Schilde der Pallas verbergen?) —

Wie sehr sich M auch in der Auffassung der Antike über seine Vorgänger, besonders B erhebt, erlangen die mittelalterlichen Anschauungen doch noch oft die Herrschaft über seine Absicht, antike Scenen zu schildern. Dies zeigt sich z. B. recht deutlich an der Stelle, wo das „anniversaire", die Feier des Todestages He.'s beschrieben wird (14371 ff.). Man kann es für antik gelten lassen, dass Hecuba und ihre Töchter Venus anrufen; wenn Cassandra betet:
O vous toutes nobles deeses
Qui estes du monde maistreses Et a qui ie me suis vouee;
wenn Ach. der Venus dankt, dass sie ihm und seinen Kampfgenossen Sieg verliehen; aber entschieden mittelalterlich sind die Gebete für He.'s Seele, der Gebrauch des Niederknieens, ferner wenn Hecuba ihren Töchtern befiehlt:
Dictes voz h e u r es toutes deux

und wenn in der Bühnenanweisung angegeben wird: „Lors doit aler achilles parmy leglise" etc. Auch das den Text begleitende Bild (p. 230) hat ganz mittelalterliche Färbung. Man erblickt auf demselben im Vordergrunde links Hecuba und ihre Töchter in reicher Kleidung mit Gebetbüchern in der Hand, links Ach. und seinen „varlet" Basaac. Mehr im Hintergrunde rechts befindet sich eine Gruppe von Mönchen, welche an einem Betpulte eifrig zu singen scheinen. Am Altare stehen zwei Leuchter; Götterbilder sind nicht vorhanden. Der Baustil der Kirche zeigt ganz mittelalterliche Formen. Sonderbar erscheint der kleine Hund in Anbetracht der Heiligkeit des Ortes. Wahrscheinlich ist dieser, wie der auf der Darstellung des Rathes der Griechen (p. 246 auf Rechnung des Zeichners zu setzen.

Bei den übrigen Autoren erscheint die Feier dieses Totenfestes zum Theil noch mittelalterlicher. Aus den wenigen Worten des Da (32, 22 ff.): „Postquam anni dies venit, quo Hector sepultus est, Priamus et Hecuba et Polyxena ceterique Troiani ad Hectoris sepulchrum profecti sunt", hat B eine Schilderung gemacht, welche an die Feier des Frohnleichnamfestes oder des Tages Aller Seelen erinnert (17457 ff.). Das ganze Volk betheiligt sich an der Feier. Die Geistlichkeit singt Messen für die Seele des Toten (17456 Molt par i chanta li clergiez), Pri. theilt Almosen aus (17467 Molt par i despensa li reis). Der Leichnam He.'s ist ausgestellt, Ritter, Bürger und Damen besuchen das Grabmal. Hecuba, Polixene und Helena wachen die Nacht hindurch an demselben (17481):

| Ecuba et Polixenain | Veillent à dolor et à peine. |
| Tote la nuit jusqu'al demain | Ensemble o eles dame Heleine. |

Unter den „geus", welche an diesem Tage aufgeführt werden, sind sicher keine Leichenspiele zu verstehen, sondern vielleicht scenische Darstellungen, ein Mirakelspiel, denn die „poetes" sind die Veranstalter derselben (17489 ff.):

	Por esgarder le sacrifice,
L' anniversaire et le service,	Que font poetes et esliz etc
Et les geus qui sont establiz,	I vindrent de l'ost esgarder.

C fügt hinzu (k 3 α) ... troiani constituerunt servari solenniter quindecim dies luctus et post eos dies celebranda quedam festa funeraria statuerunt prout tunc regum et maiorum nobilium moris erat C scheint hier also betonen zu wollen, dass er diese „festa funeraria" als antike Sitte betrachtet. Vielleicht hat die Schilderung der Leichenfeier für Anchises, Virg. Aen. V, 35 ff, etwas influirt.

Ueberhaupt schildern B und C in den Scenen, in welchen religiöse Gebräuche vorkommen, fast immer die Sitten ihrer Zeit. Hier nur einige Beispiele dafür. Nach der ersten Zerstörung Trojas fastet man drei Tage und hält auch hier Messen für die Seelen der gefallenen Freunde und Verwandten, B 2959 ff. (vgl. auch 17343 f):

Le primerains treis jorz plorerent, Qui avoient este ocis
Que de viande ne gosterent; Firent as Dex granz sacrefices
Por les ames de lor amis Si com dreiz est et granz services.

In dem Tempel, in welchem He. beigesetzt wird, errichtet Pri. ein „covent" (B 16801 ff.):

Sis temple fu si establiz
Que de sainº hommes et d'esliz Et si auront molt richement
I a li reis mis un c o v e n t Lor vivre à trestoz sofisant.

vgl. auch C k 1 γ. In dem Grabmal He.'s werden unver= löschbare Lampen angebracht (B 16753 ff., C k 1 γ, aber auch M 13730 ff.) Ferner sind noch zu erwähnen die sain= tuaires, die Hostiengefässe (civoire 16664) und Weihrauch= behälter (encencier 14817) als Requisiten des Kirchendienstes.

§ 19. Dazu kommt bei B und C noch der Umstand, dass sie die Functionen der aus ihrer Erzählung verbannten Götterwelt durch andere überirdische Gewalten zu ersetzen suchen, welche dem Geschmacke ihrer Zeit mehr zusagten; sie führen das Wunderbare, Märchenhafte in ihre Darstel= lungen ein, was man bei M nicht mehr findet. Hierher gehört einerseits die Fee Morgan, welche He. mit dem Pferde Ga= lathea beschenkt hat, die (B 7990, C g 4 γ) Schwester Mennons (B 29404 „que ie ne sai deiesse o fée"; C o 5 γ „hanc non= nulli dixerunt deam vel dee filiam vel unam ex illis quam gentes fatam appellaverunt"), (vgl. Joly I, 226); anderer= seits die „chambre de Bialté" und ihre Wunder B 14583 ff. C i 5 α (vgl Greif § 48), das wunderbare von Zauberern verfertigte Kleid der Briseida (13315), der seltsame Baum im Saale Pri.'s (B 6251, C f 3 β), die Gestalt des sajetaire, ferner die riesenhafte Gestalt einiger Anführer (z. B. des Hupoz B 11916, C h 6 γ; des Filimenis B 20914; Aiax B 22742) und einzelner Völker, (z. B. der Cisones C g 4 α); dahin ist auch zu rechnen das wunderbare Land Pevoine (B 6725 ff., C f 6 β) und Chasteldus, „uns merveillos repaire" (B 14062), das „tabernacle" im Apollotempel, von „trei sage enchanteor" verfertigt (B 16606 ff, C k 1 α) u. A. Wenn M etwas Wunderbares von C entlehnt, so verliert es bei ihm den geheimnissvollen Charakter (z. B. bei der Herübernahme der Gestalt des sagittarius und des unerklärlichen Geräusches, welches die Unterredung Antenors mit Ulixes und Diomedes stört (vgl. B 25240 ff., C m 4 α, M 25525 ff.) Schon C verhält sich im Allgemeinen ablehnend gegen die Wunderdinge, welche er bei B findet. So erklärt er z. B. die Schilderungen von den wunderbaren Zauberkräften der Medea für Fabeln, welche Ovid erfunden habe; nur Gott könne solche Wunder bewirken und der Natur Gesetze vorschreiben, wie es bei dem Leiden und Sterben Christi der Fall gewesen sei (a 5 δ ff.). Bezüglich der „aula pulchritudinis" und ihrer wunderbaren Bilder bemerkt er (i 5 β): de quibus dares et de earum aspectibus multa descripsit. Que magis instar habent inanium somniorum quam certitudinem veritatis, licet ipse dares fuerit professus ea vera fuisse, et ideo de eis obmissum est in hac parte.

§ 20. Ich gehe nunmehr zur Betrachtung der Art und Weise der Bestattung und der damit verbundenen religiösen Gebräuche über.

Bei H ist das Verbrennen der Leichen die vorherrschende Art der Bestattung. Man wollte die Seelen der Verstorbenen gleichsam besänftigen und versöhnen, indem man deren irdische Hülle dem reinen Elemente des Feuers übergab (vgl. Il. VII, 408 ff.; J. Grimm: Ueber das Verbrennen der Leichen etc., II. 212 ff.) Auch unseren Autoren ist dieser antike Brauch nicht unbekannt. Zwar überwiegt im Allgemeinen die mehr mittelalterliche Sitte des Begrabens, allein auch das Verbrennen der Toten und Sammeln der Asche in Urnen wird erwähnt. Auch hier lässt sich das Bemühen M.'s constatiren, den antiken Gebräuchen gerecht zu werden. Besonders wichtig ist hier eine Stelle, wo M betont, dass das Verbrennen der Leichen allgemein üblich sei. Auch der Sitte der Totenklage wird hierbei gedacht. Es ist die Stelle, an welcher Agamemnon nach der ersten für die Griechen erfolgreich verlaufenen Schlacht den conseil beruft und den Göttern für den errungenen Sieg dankt. Dabei wird auch der schmerzliche Verlust des Protesilaus und dessen Bestattung berührt. Vgl. M 8785 ff.:

Et sera aussi lamente De lamenter le trespasse
Ainsi quavons de coustume Et ardoir en feu alume.

Dieses ausdrückliche Hervorheben des Verbrennens der Leichen als einer allgemeinen Sitte ist gewiss ein bezeichnendes Moment für M.'s Bestreben die Antike nachzuahmen. Ich stelle die Worte B's und C's an der betreffenden Stelle daneben. Sie erwähnen Beide nichts von dem antiken Gebrauche. Vgl. B 10338 ff.:

> Mès richement en son endreit
> Fu sepeliz Protheselax   Onques plus enoréement
> Et Merion li buens vassax N'orent dui rei enterrement.

C h 3 *d*: Sic Grecorum maiores corpus Protheselai in quodam cenotaphio marmoreo in opere nimium precioso statuerunt in honore maximo ut tunc erat maiorum nobilium m..ris sepeliri

Noch an einem anderen Orte wird bei M die antike Art und Weise der Bestattung erwähnt, wo M bei C keine Andeutung davon vorfand. Die Troer bitten nach dem Tode des Troilus um Waffenstillstand. M 17407:

> Que nous voulons triefves avoir
> Pour mettre tous noz morz en cendre Et en faire nostre devoir.

Aber gleich darauf bezeichnet Enee das Bestatten als „ensevelir" 17426 f. (auch 11317, 14130 und ö.):

> Que tandis ensevelirons Ceulx qui sont mors et vous aussi.

Vielleicht wird hier „ensevelir" wie das lateinische „sepelire" in zusammenfassender Bedeutung gebraucht, so dass es sowohl begraben als verbrennen ausdrücken kann.

B erwähnt die antike Bestattungsweise häufig, aber fast nur bei Massenbestattungen. Er sagt auch nicht ausdrücklich, dass dies allgemein üblich sei. Doch bemerkt er z. B. 10268 ff.:

> As morz donerent sepolture Si com esteit leis et dreiture.

Auch bei ihm wird „sepelir" in ganz allgemeiner Bedeutung verwendet, z. B. B 16579 ff.:

> Cil de la vile font les rez
> En mains leus les ont alumez Et cil de l'ost tot altresi.

Dann fährt er wiederholend fort:

> Quant li mort furent sepeli Si retornerent al sejor.

Vielleicht wird unter dem „sepelir" hier auch die Beisetzung der Asche verstanden. Sehr häufig werden beide Arten der Bestattung neben einander genannt, z. B. 15151 ff.:

> Quant li mort furent enterré Et ars ès rez e sepeli....

vgl. noch B 12852 ff., 19382 ff., 20180 ff., 25150 f. u. ö. Es scheint, dass B für Anführer und Vornehme die Beerdigung als das Gebräuchlichere ansieht. B 12890 ff. wird die Feuerbestattung der Gefangenen ausführlich geschildert, dann aber ausdrücklich hinzugefügt, dass die Anführer beerdigt werden 12911 ff.:

> Li rei li duc qui sont ocis En sarkeus riches de liois etc
> Sont regreté de lor amis   Sont sepeli et enterré.

(vgl. auch 6583, 10321 ff (C h 3 *d*), 14547 ff. (C i 5 *a*) u. ö.). Nur einmal spricht B ausführlich von der Feuerbestattung eines Anführers, des Ach. Aber es wird hier auch ein besonderer Grund dafür angegeben. Vgl. B 22395 ff.:

Por ço que li cors ert plaiez
Et par mainz leuz toz detrenchiez
N'i poist aveir sepolture,

Qui ne tornast a poreture;
Por ço l'ardent, la cendre ont prise
Dedenz lo chier vaissel l'ont mise

Das Letztere scheint darauf hinzudeuten, dass B hier Di benutzt (p. 78 f.), welcher die Verbrennung und die Urne erwähnt, während Da (41, 19) nichts davon weiss.

Ganz sicher entlehnt B die Schilderung der Feuerbestattung des Aiax Telamonius dem Di (vgl. B 27012 ff, C n 2 β), obschon er den Tod desselben schon viel früher nach Da gegeben hatte.

C erwähnt Bestattungen nicht so häufig wie B, bevorzugt aber die Bestattung durch Verbrennen der Leiche, z. B. h 3 δ: Greci vero interim mortuos eorum, quos voluerunt tradiderunt funerariae sepulturae. Ceterorum autem corpora mortuorum statuerunt igne consumi. Auch k 1 δ (u. ö.) wird von den Griechen um Waffenstillstand gebeten ut... cadavera mortuorum valeant interim igne concremari.

Von den Bestattungen der einzelnen Anführer, die den mittelalterlichen Sitten entsprechen, ist besonders die He.'s bemerkenswerth Da (31, 1) äussert sich nur ganz kurz darüber: Priamus Hectorem suorum more ante portas sepelivit ludosque funebres facit.

B liefert dagegen eine eingehendere Schilderung der Trauerfeierlichkeiten (16459 ff.). Die Leiche wird 7 Mal mit Wein gewaschen, einbalsamirt, mit prächtigen Gewändern geschmückt und auf einem kostbaren „chaalit" ausgestellt. Unzählige Kerzen in goldenen Leuchtern brennen an der Totenbahre. Die ganze Geistlichkeit erscheint, um Gebete für die Seele des Gefallenen zu verrichten. Vgl. B 16511 ff.:

Tuit li poete et li clergié
De par trestote l'evesquié
Vindrent au cors, si vus di bien,

Que il ne se feinstrent de rien.
En bien chanter et en bien lire
Tote la nuit dura à tire.

Im Tempel der Juno wird der Leichnam eine Zeit lang aufbewahrt und dann im Tempel des Apollo (16595 Devant la porte de Tinbrée) beigesetzt (16743 ff.):

En la chaiere Hector seelt,
Un brant d'acier tot nu teneit, Grezeis par signe manaceit etc.

Die Beschreibung des Grabmals und des Apollotempels ist durchaus mittelalterlich gehalten (vgl. Joly J, 235, 245 und Anm. zu V. 16700). C und M reproduciren die Schilderungen ihrer Vorlagen, doch ist ein Abnehmen der mittelalterlichen Momente von B bis M nicht zu verkennen (C i 6

γ ff, M 13'^82 ff.). So erwähnt M nicht die „familia sacer=
dotum" des C (k 1 γ); bei ihm wird He. im „saintuaire"
vor dem Bilde der Venus bestattet (13825 ff.):
   Et le portez au saintuaire
   Devant limaige de venus La vueil sa sepulture faire.
Auch citirt er eine Grabschrift, welche sich bei C nicht
findet. Erst am Ende seines Buches (o 7 β) bringt C noch
ein „Epitaphium Hectoris".
 Wie schon erwähnt, erzählt B, dass Ach.'s Leiche dem
Feuer übergeben wird. Trotzdem macht sich auch hier seine
mittelalterliche Anschauung geltend; vgl. B 22341 ff., wo er
von Ach. und Antilogus versichert:
   Ploré esteient come rei Et porchanté solonc la lei,
und ferner in der Beschreibung des Grabmals (22342 ff.).
C weiss nichts von der Feuerbestattung Ach.'s, er spricht
nur von einem prächtigen Grabmal, welches am Eingang der
„porta Thimbrea" erbaut wird und fügt dann hinzu: (l 4 γ)
Eius autem sepulture preciosam formam et modum describere super-
fluum est. Bei M ist vielleicht ein Bestreben sich der Antike
zu nähern darin zu finden, dass er das Grabmal Ach.'s mit
Götterbildern verzieren lässt (19439 ff., vgl. oben p. 47).
Es werden folgende Götter dargestellt: Jupiter, Juno, Saturn,
Mercur und Venus auf der einen Seite, Pallas, le dieu athlas
mit der Erdkugel, Diana, Vesta und Neptun auf der andern,
an beiden Enden Mars und Hercules.
 Auch vergisst er nicht eine Grabschrift anbringen zu
lassen (selon la forme accoustumee) und zwar in zwei Spra=
chen; die lateinische Fassung lautet (19504 f.):
   Hectoris eacides domitor clam incautus in armis
   Occubui parides traiectus arundine plantas
und ist einer Stelle der Achilleis des Gualtherus ab insulis
(ed. Müldener I, 473;) wörtlich entnommen. (Auch C giebt
am Schlusse seines Werkes ein Epitaphium Achillis o 7 β.)
 Im Uebrigen fasst sich auch M sehr kurz in der Dar=
stellung der eigentlichen Bestattung. Er bemerkt nur, dass
der Leichnam in das „saintuaire" gebracht und in das Grab
gelegt wird, ohne irgendwelche religiöse, kirchliche Cere=
monien, wie sie bei B nie fehlen. Freilich fand sie M auch
nicht in seiner Vorlage, aber nach der Aufmerksamkeit zu
urtheilen, welche er den Opferscenen zugewendet, wäre wohl
zu erwarten gewesen, dass er auch bei Gelegenheit der Be=
stattungen religiöse Gebräuche erwähnt hätte. Nur wird es
bei M oft den Hinterbliebenen zur Pflicht gemacht für die

Seele des Toten zu beten, und bei der Bestattung des Troilus werden religiöse Ceremonien angedeutet, wenn Pri. sagt (17810 ff.):

Mais il convient puis que ainsi est	Pour ses obseques acomplir
Bouter le corps en uog suaire	Et son obit aussi parfaire
Et le porter au saintuaire	Et ses funerailles remplir

(vgl. auch 10515). C berichtet an der betreffenden Stelle nur (l 4 α): Rex tamen priamus a grecis petit inducias treuga firmata que conceduntur a grecis, infra quas rex priamus corpus troili in preciosissima sepultura constituit sepeliri

Ein weiteres Beispiel einer pomphaften Bestattung bietet die des Paris (vgl. Da 43, 7; B 22821 ff., 22957 ff.; C l 5 γ; M 20485 ff.).

Der glanzvollen Schilderung B's gegenüber bemerkt C, nachdem er von den schmerzlichen Klagen der Verwandten des Helden gesprochen (l 5 γ): Quid ultra; paratur paridi in templo iunonis preciosa nimium sepultura, cuius forma et series sunt in narrandi modo postposite, in qua corpus paridis reconditum extitit et humatum. M befleissigt sich derselben Kürze. Nachdem er sehr ausführlich den Schmerz des Pri. der Hecuba und ihrer Töchter geschildert, lässt er den König den Befehl ertheilen (20485 ff):

Seigneurs hostez mon filz paris	Et faictes aussi quil soit mis
Et le portez en sepulture	En ung thumbeau de grant parure.

Es sei noch bemerkt, dass sich bei B einige unzweifel= haft antike, sogar homerische Gebräuche finden. Einmal werden bei der Bestattung des Patroclus Leichenspiele er= wähnt. Doch einerseits entlehnt er diese religiöse Feier dem Da (25, 10) und andererseits spricht er von denselben wie von etwas Seltsamen, ihm Unbekannten, das er eben nur erwähnt, weil er es in seiner Vorlage gefunden, vgl. B 10314 ff.:

	Car à cel tens ço truis lisant
Le feseit l'en as plus vaillanz	Granz chans, granz geus i feseit l'on,
Morz de cest siècle trespassanz.	Tex com à morz aparteneient,
Quant l aveit mort un baron	Solonc l'usage qu'il teneient.

Da giebt dieselbe Totenfeier bei der Bestattung des He. (31, 1 f.) und des Ach. (41, 19 ff.) an, ohne dass B ihm hier folgt.

C schweigt über die Veranstaltung dieser Spiele ebenso wie über die Darstellung einer anderen Sitte bei B, des Scheerens der Haare als Zeichen der Trauer. Auch hier aber ist B ganz unselbstständig, denn er folgt dem Di (100, 32: „cuncti reges comam tumulo eius (Aiacis) deponunt") in der Schilderung der Bestattung des Aiax Telamonius vgl. B 27165 ff.:

Ço firent qu'onc gent ne fist mès: Hec remestrent lor chevol
Res et tondu se sont enprès, Ço ler avint de molt grant dol.
(vgl. auch Joly I, 234).

Dagegen findet sich bei B und C der mittelalterliche Brauch des Transportirens der Toten nach der Heimath, um sie in vaterländischer Erde bestatten zu können. So wird der mit Ach. ermordete Antilogus nicht auf trojanischem Grund und Boden beerdigt (B 22422 ff.):

Son fil ra pris li reis Nestors
Si l' a tramis en son pais La velt que seit en terre mis

vgl. noch B 17345 ff, C k 2 δ und 25172 ff., C m 5 γ. —
Bei H entspinnt sich fast stets ein erbitterter Kampf um den Leichnam eines gefallenen Kriegers, denn es gilt als unauslöschliche Schande, den Toten den Misshandlungen der Feinde preiszugeben, ihn nicht bestatten zu können. Aehnliche Ansichten, welche auf Misshandlung der Leiche abzielen, sind auch bei unseren Autoren vertreten. z. B. erzählt Da dass Paris gewillt ist, den Leichnam Ach.'s den Vögeln und Hunden zu überlassen, (vgl. Da 41, 16; B 22288 ff.; C l 4 γ; M 18526 ff.), auch dem der Panthasilee soll ein gleiches Schicksal widerfahren (vgl. Di 71, 21; B 24348 ff.; C m 1 γ; M 22223 ff.).

§ 21. Die aus der vorliegenden Untersuchung und besonders aus dem zweiten Theile derselben sich ergebenden Resultate lassen sich dahin zusammenfassen, dass M in der Auffassung der Antike und dem Bestreben antike Scenen nachzuahmen und auf die Bühne zu bringen auf einer etwas höheren Stufe steht als seine Vorgänger in der Bearbeitung der Trojasage und — wie man füglich hinzusetzen darf — als seine Zeitgenossen. Sein Stück bezeichnet die Morgendämmerung der Renaissance, auf welche ein Jahrhundert später ein prächtiger Sonnenaufgang, das Erscheinen der ersten französischen Tragödie folgen sollte. In gewisser Beziehung darf daher unser Dichter als Vorläufer von Jodelle und Garnier angesehen werden.

Findet sich doch auch bei ihm zuerst der Zwölfsilber, der Vers des späteren klassischen Dramas, in ausgedehnter Weise principiell angewendet (vgl. M 16172—16257, 17689—17735, 18480—18525, 20363—20420, 25173-25202 [fehlt bei Wunder p. 35 f.]).

In M's Mystère hat die Entwicklung des französischen Dramas einen gewissen Wendepunkt erreicht. Es steht auf

der Grenze zwischen dem mittelalterlichen kirchlichen Schau=
spiel und den Anfängen des späteren klassischen Dramas.
Ein dem Alterthum entlehnter, aber von nationalem Geiste
durchwehter Stoff, wird in mittelalterlichem Gewande zuerst
hier auf die französische Bühne verpflanzt, dabei Technik und
Form der Mysterien beibehalten und so eine seltsame Ver=
schmelzung des Antiken mit dem Nationalen, des absterbenden
Mittelalters mit den vorbereitenden, zum Theil noch unklaren
Ideen einer neuen Zeit herbeigeführt. Jedenfalls und im
Gegensatz zu den Ansichten von Joly, Parfait und Wunder
ist daher der literarhistorische Werth von M.'s W. recht hoch
anzuschlagen.

Für seine Zeit und noch lange darüber hinaus galt M
als hochberühmter Dichter, und sein Mystère war, wie aus
der grossen Anzahl der vorhandenen Handschriften und alten
Drucke hervorgeht, eines der beliebtesten und wurde noch
im 16. Jahrhundert aufgeführt. Auch wird M's Stück viel=
leicht in formeller Hinsicht einen noch vortheilhafteren Ein=
druck auf uns machen, wenn erst eine textkritische Ausgabe
den vielfach entstellten und lückenhaften Druck aus dem
Jahre 1484 ersetzt haben wird. Aber auch jetzt schon wird
man einzelnen Partien ein gewisses stilistisches Verdienst
nicht absprechen können. Ich will nur die ganz Beranger=
schen Abschiedsworte von Paris (Z. 2007 ff.) anführen:

Adieu le bon pays dasie
Et la terre dont ie suis ne
Adieu troye cite iolye
Adieu royaulme fortune
Je me metz en vostre bonte
Et des dieux princes du pays
Pour vengier vostre maleurete
Vueil aler sur voz ennemis

Adieu mon pere adieu ma mere
Adieu trestous mes bons amis
Adieu hector mon tresdoulx frere
Mes doulces seurs adieu vous ditz
Adieu damoiselles de pris
En qui iay mamour fichee
Je vous reuerray se ie puis
Ains quil soit lannee passee.

Lebenslauf.

Ich, Ernst Meybrinck, wurde am 15. Februar 1862 als Sohn des Kaufmanns Berthold Meybrinck zu Erfurt geboren und bekenne mich zum evangelischen Glauben. Von Ostern 1871 an besuchte ich das Realgymnasium meiner Vaterstadt, welches ich Ostern 1881 mit dem Maturitätszeugniss verliess um mich dem Studium der neueren Philologie an den Universitäten Leipzig und Marburg zu widmen. Ostern 1883 erhielt ich von der Königlichen Prüfungs-Kommission des Gymnasiums zu Sangerhausen das Gymnasialreifezeugniss.

Am 29. Januar 1886 bestand ich das Staatsexamen, am 23. Februar das Examen rigorosum.

Allen meinen verehrten Lehrern bin ich zu aufrichtigem Danke verpflichtet, besonders den Herren Professoren E. Stengel und W. Vietor, welche mir überaus werthvolle Anregungen gegeben haben. Ich werde ihrer allezeit in dankbarer Verehrung eingedenk bleiben.